W0070244

HENRI NOUWEN

Das Buch:

In einem anderen Licht erscheint das Leben für Menschen, die bis zur Pforte des Todes gegangen sind. Henri Nouwen schöpft aus einer solchen Erfahrung der eigenen Todesnähe, aber auch des Abschieds von seiner Mutter oder anderen nahen Menschen. Dieser Band enthält seine zentralen Texte über das Leben im Angesicht des Todes. Sie zeigen Henri Nouwen als einen großen zeitgenössischen Lehrer einer Kunst des Sterbens – einer Kunst, die hilft, das Leben in einem neuen und bereichernden Licht zu sehen und zu bestehen.
Die Texte Henri Nouwens sind zusammengestellt und eingeleitet von Andrea Schwarz.

Der Autor:

Henri Nouwen, 1932–1996, gab eine Karriere als Hochschulprofessor auf und schloss sich der von Jean Vanier gegründeten »Arche«-Bewegung eines gemeinsamen Lebens mit behinderten Menschen an. Er zählt international zu den wichtigsten spirituellen Autoren.

Die Herausgeberin:

Andrea Schwarz, geb. 1955, ausgebildete Industriekauffrau und Sozialpädagogin, als gefragte Referentin und Trainerin tätig sowie ehrenamtlich bei Projekten der Mariannhiller Schwestern in Südafrika. Sie gehörte zu den meistgelesenen christlichen Autoren unserer Zeit.

HENRI NOUWEN

In einem anderen Licht

Von der Kunst des Lebens und Sterbens

Herausgegeben
von Andrea Schwarz

HERDER

FREIBURG · BASEL · WIEN

HERDER spektrum Band 6306

MIX
Papier aus verantwor-
tungsvollen Quellen
FSC® C106847

Neuausgabe 2011

© Verlag Herder GmbH, Freiburg im Breisgau 2006

Umschlagmotiv: © plainpicture
Umschlagkonzeption und -gestaltung
R · M · E Roland Eschlbeck
Herstellung: fgb · freiburger graphische betriebe
www.fgb.de

Printed in Germany

ISBN 978-3-451-06306-0

INHALT

ANDREA SCHWARZ
Das letzte Wort hat immer die Liebe
Vorwort 9

HENRI NOUWEN
In einem anderen Licht 19

Zur Einführung 21

    Erinnerungen (1) 22

1. Die eigene Antwort finden 27
2. Hinter dem Spiegel des Lebens 30
3. Wir sind Kinder Gottes 56
4. Wir sind füreinander Brüder
   und Schwestern 63

    Erinnerungen (2) 74

5. Wir sind Eltern der kommenden
   Generationen 75

    Erinnerungen (3) 89

6. Der Tod ist etwas, das zu uns gehört 91
7. Die Frucht unseres Lebens 93

Erinnerungen (4) 106

8. Frei werden für die Zukunft 113
9. Durch den Tod zum Leben 117
10. Liebe, stärker als der Tod 124

Epilog 131

Bibelstellenregister 135
Quellenverzeichnis 136
Textnachweis 138

Wie kann ein Mensch,
der schon alt ist,
geboren werden?

JOHANNES 3.4

zweite geburt

ent-tarnen
ent-kleiden
ent-hüllen

wegnehmen
die tarnung
die kleidung
die hüllen

ent-binden
die bindungen
wegnehmen

entbindung
geburt
neues leben

die fesseln lösen
aus den bindungen
hinausgehen

in ein
neues
leben

um das
Reich Gottes
zu sehen

Andrea Schwarz

ANDREA SCHWARZ

Das letzte Wort hat immer die Liebe

VORWORT

Lieber Leser, liebe Leserin,

wahrscheinlich kennen Sie das alte Märchen vom »Rumpelstilzchen«, das die Gebrüder Grimm aufgezeichnet haben – das Märchen von der Müllerstochter, der ein kleines Männchen auf wundersame Weise hilft, Stroh zu Gold zu spinnen. Dafür verspricht sie, ihm das erste Kind zu geben, das sie zur Welt bringen wird.

Übers Jahr ist es soweit: Der König hat die Müllerstochter geheiratet, und das erste Kind ist da. Als das kleine Männchen kommt, um sich das Versprochene zu holen, da weint sie so jämmerlich, dass das kleine Männchen Mitleid mit ihr bekommt – und er lässt sich noch mal auf einen Handel mit ihr ein: Wenn sie in drei Tagen seinen Namen herausfindet, darf sie das Kind behalten. Und dann kommt diese eindrucksvolle Szene, in der das kleine Männchen, sich ganz alleine glaubend, um das Feuer tanzt und singt: »Heute back ich, morgen brau ich, übermorgen hol ich mir der Königin ihr Kind; ach, wie gut, dass niemand weiß, dass ich Rumpelstilzchen heiß!« Aber wie das Leben manchmal so spielt, ein Bote der Königin hat das kleine Männchen dabei beobachtet und kann jetzt den richtigen Namen weitergeben. Und als die Königin das kleine Männchen bei seinem Namen nennt, da reißt es sich aus lauter Wut selbst entzwei.

Die Geschichte vom »Rumpelstilzchen« ist nicht nur ein Märchen, sondern es ist eigentlich eine alte Weisheit der Menschen, wie so oft in solchen Märchen: Wenn ich etwas beim Namen nennen kann, bekomme ich Macht darüber. Im Alten Testament hört sich das beim Propheten Jesaja so an: »Ich habe dich beim Namen gerufen, du gehörst mir« (Jesaja 43,1).

Und es wird durch die Psychologie der heutigen Tage bestätigt: In dem Moment, wo ich etwas beim »Namen nennen« kann, kann ich damit etwas machen. Ich stehe dem anderen nicht mehr ohnmächtig gegenüber, sondern ich gebe ihm einen Namen, einen Ausdruck. Damit aber wird es gestaltbar.

Immer dann und dort, wo ich für das, was mich bedroht, keinen Namen habe, es nicht beim Namen nennen kann, bekommt es Macht über mich. Und das gilt auch und vielleicht sogar erst recht für den Tod.

In unserer Gesellschaft wird er tabuisiert. Aber erst dadurch bekommt er seine unheilvolle Macht, der wir uns ausgeliefert sehen. In den Zeiten, in den Kulturen, in denen er selbstverständlich in das Leben integriert wird, gehört er ganz einfach dazu. Da tut der Tod auch weh – aber er ist entmachtet.

Andrea Schwarz

Vor zwei Jahren lag mein Vater im Sterben. Und ich habe mich damals gefragt: Wie geht das, sterben? Warum sagt niemand, wie das geht, was man da macht, was derjenige braucht?

Jeder hat solche Erfahrungen gemacht – und doch schweigt man. Man spricht nicht über den Tod. Und gerade dadurch geben wir ihm die Macht, unser Leben zu bestimmen.

Henri Nouwen (1932–1996), einer der großen geistlichen Schriftsteller unserer Zeit, geht einen anderen Weg. Er spricht und schreibt über seine Erfahrungen mit dem Tod – und gerade dadurch gelingt es ihm, den Tod ins Leben hereinzuholen. Dadurch, dass er ihn beim Namen nennt, sich mit ihm anfreundet, seine Botschaft zu deuten versucht, wird der Tod nicht mehr zur unheilvollen Bedrohung, sondern zum Gefährten auf dem Weg zum Leben hin.

Henri Nouwen hat sich offensiv mit dem Tod auseinandergesetzt. Das gilt für den Tod seiner Mutter, den er in dem Buch »Sterben, um zu leben«[1] beschrieben hat, Texte, die teilweise an seinen Vater gerichtet sind.

Es gilt für seine eigene Todeserfahrung, nach einem Unfall erlebt und ursprünglich im Buch »Der Spiegel des Jenseits«[2] veröffentlicht. Und es sind seine allgemeinen

1 Henri J. M. Nouwen, Sterben, um zu leben. Abschied von meiner Mutter. Verlag Herder Freiburg im Breisgau 1983, 41991, als Herderbücherei-Taschenbuch 1995.
2 Henri J. M. Nouwen, Der Spiegel des Jenseits. Gedanken um Tod und Leben. Verlag Herder Freiburg im Breisgau 1990.

Überlegungen dazu, wie man mit dem Sterben leben kann als »Gabe der Vollendung«[3]. Während eines Aufenthaltes von Henri Nouwen in Deutschland starb ein Mitglied der »Arche«-Gemeinschaft, Maurice Gould, in der Nouwen selbst lebte. Auf dem Heimflug nach Kanada, den er auf die Nachricht hin antrat, nutzte er die Zeit, um »über das Sterben nachzudenken: über das Sterben von Maurice, über mein eigenes Sterben und über das Sterben zahlloser Menschen, die tagtäglich überall auf der Welt diesen Schritt vollziehen«.

Als der Verlag Herder mich bat, die wesentlichen Gedanken Henri Nouwens zum Thema »Leben und Sterben« zusammenzustellen, habe ich gerne »Ja« gesagt. Leider durfte ich Henri Nouwen nie persönlich kennen lernen, aber seine Bücher haben meinen geistlichen Weg entscheidend mitbestimmt. Und mit seinen Büchern zum Thema »Sterben« zu einem Zeitpunkt konfrontiert zu werden, an dem ich meinen eigenen Vater verabschieden muss, in zwei Pfarrgemeinden an die dreißig Beerdigungen im Jahr leite, in der Notfallseelsorge tätig bin – da wird so eine Anfrage nicht nur zum Auftrag, sondern ist eigentlich ein Geschenk.

In den Texten von Henri Nouwen habe ich viel von dem wiedergefunden, was mir in den letzten Jahren bei meiner Auseinandersetzung mit Sterben, Tod und Trauer wichtig geworden ist. Und das tut gut, denn es hilft zu verstehen –

---

3   Henri J. M. Nouwen, Die Gabe der Vollendung. Mit dem Sterben leben. Verlag Herder Freiburg im Breisgau 1990.

Andrea Schwarz

und sich verstanden zu fühlen. Es ist genau das, was Henri Nouwen mit der Erfahrung »Wir sind füreinander Brüder und Schwestern« beschreibt – der Tod ist das, was uns alle miteinander verbindet.

Es tut gut, dass jemand wie Henri Nouwen Dinge beim Namen nennt und dass er es in einer Art und Weise tut, die beim Leben – und beim Sterben! – hilft. Deshalb gehört dieses Buch mit den Gedanken von Henri Nouwen in die Hand jedes Trauernden, der bereit ist, sich den Fragen zu stellen – und den Tod nicht einfach nur wegzuorganisieren. Deshalb gehört dieses Buch in die Hand von jedem, der mit Sterben, Tod und Trauer konfrontiert ist – und dem diese Fragen gestellt werden. Und vielleicht am wichtigsten: Dieses Buch gehört in die Hand all derer, die sich noch nie Gedanken um Tod und Sterben gemacht haben – denn das ist eine der entscheidendsten Botschaften dieses Buches: Wer gut sterben will, muss gut leben können.

Manche Aussagen von Henri Nouwen haben mich an eigene Erfahrungen und Erlebnisse erinnert. Vor einiger Zeit war ich bei Freunden eingeladen. Im Laufe des Abends entspann sich ein heftiger Disput zwischen der 15-jährigen Tochter und ihrer Mutter. Irgendwann beendete die Mutter seufzend das Gespräch mit der Bemerkung: »Dass du aber auch immer das letzte Wort haben musst!« – Daraufhin die Tochter schnippisch: »Ich wusste nicht, dass du nichts mehr sagen willst!« Der Tod wird in unserem Leben nur dann das letzte Wort haben, wenn wir nichts mehr zu sagen wissen. Unsere Antwort auf den Tod ist die Liebe. Nicht der Tod hat das letzte Wort, sondern das letzte Wort hat immer die Liebe. Die Liebe ist stärker als der Tod. Und dann können wir ganz selbstbewusst sagen: Verschlungen ist der Tod vom Sieg. Tod, wo ist dein Sieg? Tod, wo ist dein Stachel? Aus diesem Vertrauen, aus dieser Hoffnung leben wir. Im Glauben daran, dass es da einen gibt, der uns durch den Tod zum neuen Leben führt, der uns durch alle Dunkelheiten unseres Lebens begleitet.[4]

Und aus diesem Vertrauen, dieser Hoffnung, diesem Glauben heraus können wir Menschen auf den dunklen Wegen ihres Lebens begleiten – denn das letzte Wort hat nicht der Tod. Das letzte Wort hat immer die Liebe.

Für mich wurde diese Aussage im Zusammenhang mit dem Tod meines Vaters sehr konkret. An dem Tag, bevor mein Vater starb, war ich noch zweimal bei ihm im Pflegeheim. Er wirkte eigentlich ganz stabil – und er sagte zu mir: Ich will heim! Was will man in so einer Situation sagen? Zu uns nach Hause konnte er nicht mehr ...

An dem Abend war Stationsgottesdienst in einer anderen Pfarrei in unserer Stadt. Und ich sage ganz ehrlich, mir war nicht danach. Ich gehöre zu den Menschen, die Zeit für sich brauchen, wenn sie in solche Situationen kommen. Und so habe ich abgesagt – und habe mir stattdessen meine erste und bisher einzige DVD angeschaut,

4   Vgl. dazu den »Epilog« des vorliegenden Buches, aus: Henri J. M. Nouwen, Er trägt unsere Last. Meditationen zum Kreuzweg und Leiden Jesu. Verlag Herder Freiburg im Breisgau 1991.

Andrea Schwarz

die ich zu dem Zeitpunkt besaß, durch Zufall in einem Lebensmittelmarkt entdeckt, ein Video mit dem Titel: »Knockin' on Heaven's Door«, auf Deutsch ungefähr so übersetzt: »An der Himmelstür anklopfen«. Es ist die Geschichte von zwei todkranken Männern, die sich im Krankenhaus begegnen. Und als der eine mitbekommt, dass der andere das Meer nicht kennt, beschließen sie miteinander, aus ihrem Krankenhaus auszurücken, damit der Sterbenskranke noch einmal das Meer sieht – denn im Himmel kann nur der mitreden, der das Meer kennt.

»Knockin' on Heaven's Door« – in dieser Nacht ist mein Vater gestorben. Als ich die Nachricht aus dem Pflegeheim bekam, saß ich eine Viertelstunde später im Auto und fuhr nach Wiesbaden – irgendwie traurig und doch irgendwie seltsam getröstet. Er hat das Meer sehr geliebt.

An diesem Abend, dem Todestag meines Vaters, habe ich noch mit unserem Pfarrer zusammengesessen, und als ich dann durch die dunklen Straßen nach Hause ging, war über mir auf einmal für den Bruchteil einer Sekunde ein ganz helles Licht. Im ersten Moment dachte ich noch: Für Feuerwerkskörper ist im März eigentlich wirklich nicht die Zeit! Aber dann fiel mir auf: Es hatte nicht geknallt, es war ein ganz stilles Licht – es konnte kein Feuerwerkskörper gewesen sein! Ich erklärte es mir mit einer Sternschnuppe, aber mitten in Viernheim, in einem Monat, in dem Sternschnuppen selten sind? Ehrlich gesagt – ich kann nicht genau sagen, was es war, aber für einen Sekundenbruchteil war da ein Licht. Für mich war es an dem Abend wie eine Botschaft meines Vaters: Ich bin angekommen.

Auferstehung – das ist gar nicht so spektakulär, wie man oft denkt. Das ist nicht dann und damals oder irgendwo irgendwann. Auferstehung geschieht hier und jetzt – und sie geschieht in solchen kleinen persönlichen Geschichten.

Ja, der Tod ist eine Grenze in unserem Leben. Und diejenigen, die sterben, haben diese Grenze überschritten. Aber hinter einer Grenze hört das Land ja nicht auf, es geht weiter. Eventuell spricht man auf der anderen Seite der Grenze eine andere Sprache, vielleicht gibt es dort andere Sitten und Gebräuche, möglicherweise zahlt man dort in einer anderen Währung – aber die Grenze ist ja nicht das Ende, sondern nur ein Übergang. Mit dem Tod hört es nicht auf – sondern es geht nur anders weiter.

Danke, Henri Nouwen, dass Du dem Tod nicht das letzte Wort gegeben hast – über Deinen eigenen Tod hinaus!

Andrea Schwarz

Jahres
tag

es ist ganz seltsam
vor einem Jahr bist du gegangen
und doch bist du ganz anders da

natürlich fehlst du
und ich vermisse deine Stimme
und kann dein Schmunzeln nicht mehr sehn
und doch hör ich dich und seh dich lachen
und red mit dir und du bist da

eigentlich bist du für mich noch so lebendig
dass ich manchmal ganz vergesse
dass du nicht mehr lebst
du bist nicht hier
und doch bist du ganz anders da

und manchmal denk ich
ich lerne dich erst jetzt so richtig kennen
dein Wesen deine Art zu sein
das was dich ausmacht in dir lebte
denn jetzt bist du ganz anders da

vielleicht bist du so da
wie du immer da sein wolltest
voll Liebe voller Zärtlichkeit

ein bisschen Stolz ein bisschen Sorge
ein Vater und ein guter Kamerad

manchmal da hat der Alltag vieles überdeckt
und unsere Welten sind sich fremd geworden
da war oft Hektik und wir haben uns genervt
jetzt ist bei uns der Frieden eingekehrt
wir können uns so lassen und so sein

Ich glaub du weißt jetzt mehr von mir
ich glaube du verstehst mich jetzt
und ich fang an dich zu verstehen
und ich fang an dich noch mal neu zu lieben
und es ist gut so wie es ist

Ich dachte immer Tod sei Ende
und das ist er sicher auch
und doch ist Tod das Leben

wenn auch ganz anders
als es war

Andrea Schwarz

HENRI NOUWEN

In einem anderen Licht

Zur Einführung

Menschen sterben ..., und zwar nicht nur die paar Menschen, die ich persönlich kenne, sondern zahllose Menschen überall auf der Welt, täglich, stündlich. Das Sterben ist das Ereignis, das ausnahmslos jedem Menschen bevorsteht, etwas, das wir alle durchstehen müssen. Aber bestehen wir es wirklich gut? Betrachten wir unser Sterbenmüssen nur als ein unvermeidliches Verhängnis, von dem wir wünschten, es bliebe uns erspart – oder können wir unser Sterben bewusst selbst gestalten, so dass es womöglich zur menschlichsten und persönlichsten aller unserer Taten wird?

Ist der Tod etwas so Schreckliches und Absurdes, dass wir besser gar nicht daran denken oder darüber reden? Ist der Tod ein derart unerwünschter Teil unseres Daseins, dass wir besser so tun, als gäbe es ihn gar nicht? Ist der Tod ein so absolutes Ende aller unserer Gedanken und Taten, dass wir ihm einfach nicht direkt ins Auge schauen können? Oder ist es möglich, uns nach und nach mit unserem Sterben und unserem Tod anzufreunden und mit offenen Augen und offenen Armen auf ihn zuzuleben, im Vertrauen, dass er nichts an sich hat, vor dem wir Angst haben müssten? Gibt es die Möglichkeit, dass wir uns mit derselben Umsicht auf unser Sterben vorbereiten, mit der sich unsere Eltern auf unsere Geburt vorbereitet haben? Können wir unseren Tod als einen Freund erwarten, der uns daheim willkommen heißen möchte?

Meine Mutter starb am Montag, den 9. Oktober 1978, um Viertel nach sechs Uhr abends. Es war einer der wenigen Augenblicke, in denen ich nicht an ihrem Krankenbett war. Ich hatte gerade das Zimmer verlassen, um ein Telefongespräch zu führen. Als ich zurückkam, sah mich mein Bruder an und sagte: »Sie ist tot.« Mein Vater hatte den Kopf auf das Bett gelegt und weinte leise. Meine Schwester und mein jüngerer Bruder, die draußen auf dem Gang miteinander gesprochen hatten, kamen herein und betrachteten ihr ruhiges Gesicht. Es war nun vorbei.

Der Arzt kam, hörte ihr Herz ab und sagte: »Ja, sie ist tot.« Dann beteten wir. Ich bemühte mich, Worte zu finden, die das zum Ausdruck bringen konnten, was wir empfanden; Wortes des Schmerzes, Worte der Dankbarkeit, Worte der Hoffnung. Es war ein bewegender Augenblick. Meine Mutter lag da, still und in Frieden. Wir schauten sie an und beteten: »Gott, führe sie nun in dein Haus, und gib uns den Mut, unser Leben weiterzuführen, dankbar für alles, was sie uns gegeben hat.« Dann verließen wir das Krankenzimmer, in dem wir die letzten fünf Tage verbracht und Stunde um Stunde ihr Leiden und ihren Kampf miterlebt hatten. Wir wussten, dass sie niemals wieder bei uns sein würde.

Wie groß ist das Geheimnis unseres Lebens! Keiner von uns hatte erwartet, Zeuge dieses qualvollen

Kampfes der Frau zu sein, die wir so sehr liebten. Wir konnten nichts anderes tun, als nur da zu sein, ihr die Arme zu halten, die sie ruhelos hin und her bewegte, vorsichtig den Schweiß von ihrer Stirn zu wischen sowie behutsam die Kissen aufzuschütteln und ihr damit jedes mögliche kleine bisschen Erleichterung zu bieten.

Ich fragte mich noch, was ich während dieser Stunden empfand. Ich fühlte mich ohnmächtig, klein und hilflos, aber ebenso friedlich, stark und ruhig. Ich sah und empfand etwas, das ich nie zuvor gesehen oder empfunden hatte, eine Erfahrung, zu deren Beschreibung Worte nötig wären, die noch nicht gefunden sind: ohnmächtig und doch stark, traurig und doch friedlich, gebrochen und doch ganz. Ich kann dieses neue Gefühl noch immer nicht ganz verstehen. Dennoch vermag ich eines auszusprechen, weil ich es so klar empfand: Ich war selig, an einem Augenblick der Wahrheit teilzuhaben.

Niemals empfand ich so eindringlich, dass die Wahrheit uns frei machen kann. Es war ein überaus geheiligter Augenblick, und mir war es vergönnt, ihn zu erleben.

Langsam – so wie die langen Stunden und Tage vergingen – begann ich mich zu fragen, ob Mutters Kampf in Wirklichkeit nicht die unerbittliche Wahrheit der Liebe Gottes offenbarte. Wer besaß eine größere Liebe als Jesus? Wer litt mehr als er? Das Leben Jesu, ein Leben gläubigen Dienens, endete nicht in einem friedvollen, stillen Tod. Er, der ohne Sünde war, erlitt einen Todeskampf von unermesslicher Tiefe; sein Schrei vom Kreuz herab »Gott, mein Gott, warum hast du mich verlassen?« hallt wider durch die Jahrhunderte.

Sollte Mutter dazu berufen sein, an diesem Todeskampf Anteil zu haben? War sie eingeladen, dieses Kreuz tiefer als viele andere zu spüren? Ich weiß es nicht und kann diese Fragen nicht mit Ja oder Nein beantworten. Was in den Stunden ihres Todes wirklich geschah, lässt sich nicht erklären oder begreiflich machen. Aber der Gedanke, dass sie, die so vielen ihre Liebe geschenkt hatte, die so viel gegeben und so tief mitgefühlt hatte, dazu berufen war, selbst in diesem Todesringen mit Christus vereint zu sein, ließ mich in diesen Tagen nicht los.

Freunde sagten wiederholt zu mir: »Deine Mutter hat immer zuerst an andere gedacht.« Das ist wahr. Sie lebte für andere: für ihren Mann, ihre Kinder, ihre Enkel, ihre Freunde. Sie lebte wirklich mit der Gesinnung Christi, andere immer für besser zu halten als sich selbst. Doch das führt nicht notwendigerweise zu einem sanften Tod. Warum meinen wir, dass ein christlicher Tod ein leichter Tod sein muss? Warum glauben wir, dass das Hoffen auf ein Leben mit Christus unseren Tod zu einem sanften Hinübergehen werden lässt? Ein mit-leidendes Leben ist ein Leben, in dem das Dulden und Ertragen anderer aufs tiefste mitempfunden wird, und nach solch einem Leben kann auch der Tod zu einem Akt des Mit-Sterbens mit anderen werden. Als ich Mutters Kampf sah, ihren Aufschrei des Glaubens und der Hoffnung, fragte ich mich, ob sie da nicht mit den vielen anderen mitschrie, für die sie gelebt hatte.

Im Todeskampf Jesu begegnen uns die Todesqualen der Welt in ihrer ganzen ergreifenden Eindringlichkeit: »Und er begann sich zu betrüben und zu verzagen. Da sagte er zu ihnen: Meine Seele ist betrübt bis in den Tod« (Matthäus 26,37–39). Ist nicht jedes menschliche Wesen, das im Geiste Christi leben will, zugleich berufen, im Geiste Christi zu sterben? Das kann für verschiedene Menschen etwas ganz Unterschiedliches bedeuten. Es muss gewiss nicht das Ringen bedeuten, das Mutter durchmachte. Ich halte es jedoch für überaus wichtig, zu verstehen, dass diejenigen, die mit Christus leben, auch darauf vorbereitet sein müssen, mit ihm zu sterben, ja, bereitwillig die Einladung anzunehmen haben, seine Todesqualen mitzuerdulden.

Was ist dieser Todeskampf? Ist es Furcht vor Gott, Furcht vor der Strafe, Furcht vor der Unermesslichkeit göttlicher Gegenwart? Ich weiß es nicht, doch wenn ich das, was ich sah, nur annähernd verstand, dann lag der Grund tiefer. Es war die Furcht vor dem großen Abgrund, der Gott von uns trennt, ein Abgrund, den nur der Glaube zu überwinden vermag. Die Prüfung bricht an, wenn alles, was uns lieb ist, entschwindet – unser Heim und alle, die wir lieben, unser Leib mit all seinen vielen Eigenheiten des Lebendigen, unser Geist mit all seinen sich sorgenden Gedanken – und es nichts mehr gibt, an dem man sich festhalten kann. Gerade dann muss man den Glauben haben, sich einem liebenden Herrn hinzugeben, darauf vertrauen, dass er uns nicht in eine grausame, unergründliche Schlucht fallen lässt, sondern dass er uns in eine sichere Wohnung führen will, die er für uns bereitet hat.

In der Stunde des Todes wird alles Glaube. Der Glaube an Gott, der jede Faser unseres Seins kennt und uns trotz unserer Sünden liebt, ist die enge Pforte, die diese Welt mit der anderen verbindet.

1. Die eigene Antwort finden

Solange wir Kinder sind, brauchen wir Eltern, Lehrer und Freunde, die uns den Sinn unseres Lebens beibringen müssen. Einmal erwachsen, sind wir dagegen auf uns selbst gestellt. Dann liegt die Hauptquelle unserer Einsicht in uns selbst, und was wir zu anderen über den Sinn des Lebens und des Sterbens sagen, muss aus unserem ureigenen Inneren kommen. Viele große Denker und Heilige haben über das Sterben und den Tod geschrieben und gesprochen, aber was sie gesagt haben, bleibt immer ihre eigene Aussage. Ich muss meine ganz eigene Antwort finden, damit das, was ich von mir gebe, aus den Tiefen meiner persönlichen Erfahrung geschöpft ist.

Diese Erfahrung ist zwar stark von vielen anderen Menschen beeinflusst, aber dennoch ist es eine Erfahrung, die in dieser speziellen Form nur ich selbst gemacht habe. Darin liegt ihre Überzeugungskraft und gleichzeitig auch ihre Bedingtheit. Ich muss darauf vertrauen, dass mir meine eigene Erfahrung meiner Sterblichkeit Worte eingibt, die auch anderen Menschen etwas sagen können, die wie ich darum ringen, einen Sinn für ihr Leben und für ihr Sterben zu finden. Gleichzeitig muss ich auch hinnehmen, dass sich viele von dem, was ich zu sagen habe, nicht angesprochen fühlen, und zwar einfach deshalb, weil sie keinen Zusammenhang zwischen ihrem eigenen und meinem Leben sehen können.

Im Folgenden will ich die Kunst des rechten, guten Sterbens erörtern. Ich möchte auf dem Grund meines eigenen Wesens erforschen, was es heißt, dass wir Menschen Kinder Gottes sind, Brüder und Schwestern füreinander und Eltern für die Generationen nach uns.

Dabei möchte ich ganz aufmerksam auf meinen eigenen Herzschlag hören, möchte sorgfältig darauf achten, was ich selbst gehört und gefühlt habe. Gleichzeitig möchte ich aber auch genau auf den Herzschlag all derer hören, deren Freuden und Leiden mich in diesem Abschnitt meines Lebens am meisten berühren. Vor allem aber möchte ich den Herzschlag Jesu vernehmen, dessen Leben und Sterben der wichtigste Schlüssel für das Verständnis und die Gestaltung meines eigenen Lebens ist.

Mir wurde die Gnade einer Erfahrung geschenkt, die mir das sehr deutlich vor Augen geführt hat. Vor einigen Jahren wurde ich von einem Auto angefahren. Ich wurde mit einem Riss in der Milz ins Krankenhaus eingeliefert, und die Ärztin sagte mir, sie könne nicht mit Sicherheit sagen, dass ich die Operation überleben würde. Ich habe sie überlebt – aber die Stunden, die ich unmittelbar vor und nach der Operation durchgemacht habe, waren für mich der Anlass, intensiver denn je mein eigenes Kind-Sein zu erfahren. Als ich auf einem Tisch festgeschnallt wurde, und als mich vermummte Gestalten umgaben, wurde mir plötzlich klar, dass ich in einem Zustand absoluter Abhängigkeit war. Mir ging nicht nur auf, dass ich ganz und gar von der Kunst eines mir unbekannten Ärzteteams abhängig war, sondern dass ich auch in meinem tiefsten Wesen von jemand anderem abhing. Mit einer Gewissheit, die nichts mit einer bloß menschlichen Einsicht zu tun hatte, wusste ich, dass ich, egal, ob ich die Operation überlebte oder nicht, ganz sicher in den Händen Gottes lag und deshalb ganz bestimmt leben würde.

Ein dummer Unfall hatte mich zwangsläufig in den Status eines kleinen hilflosen Kindes versetzt, dem alles getan werden musste, und dies eröffnete mir zugleich eine Erfahrung ungeheurer Geborgenheit – die Erfahrung, Gottes Kind zu sein. Mit einem Mal wusste ich, dass alle menschliche Abhängigkeit von einer göttlichen Abhängigkeit umfangen ist, und dass infolge dieses Abhängigseins von Gott aus dem Sterben eine größere und allumfassendere Weise des Lebens wird. Diese Erfahrung war so wirklich, so grundlegend und so alldurchdringend, dass sie mein Selbstbewusstsein von Grund auf veränderte und in den darauf folgenden Jahren meinen Gemütszustand nachhaltig beeinflusste.

2. Hinter dem Spiegel des Lebens

Am Freitagmorgen sagte Dr. Barnes, der leitende Chirurg, nach einer Reihe weiterer Untersuchungen: »Ihre Milz blutet nach wie vor, wir müssen sie entfernen.«

»Wann?«, fragte ich.

»Sobald der Operationssaal frei ist«, gab der Arzt zur Antwort.

Kurze Zeit später besuchte mich meine Hausärztin Frau Dr. Prasad. Wieder spürte ich die drohende Gefahr des Todes. Deshalb bat ich sie: »Bitte sagen Sie es mir, wenn ich dem Tode nahe bin. Ich möchte mich wirklich auf meinen Tod vorbereiten. Ich fürchte mich nicht vor dem Sterben, doch möchte ich nicht ganz unerwartet aus dem Leben gehen.«

Meine Hausärztin antwortete darauf: »Soweit ich weiß, besteht keine direkte Gefahr für Sie zu sterben. Aber wir müssen die Blutung zum Stillstand bringen. Deshalb müssen wir Ihre Milz entfernen. In ein paar Monaten werden Sie sich wieder erholt haben. Auch ohne Milz werden Sie gut leben können.«

Frau Dr. Prasad war sehr ehrlich und offen. Sie sagte mir alles, was sie wusste. Ich meinte jedoch zu spüren, dass ein tödliches Ende immer noch im Bereich des Möglichen lag und dass ich mich mit meinen Freunden auf den Tod vorbereiten musste. Irgendwo tief in meinem Innern fühlte ich, dass mein Leben in ernster Gefahr schwebte. Und so bewegte ich mich auf einen

Ort zu, an dem ich noch nie zuvor gewesen war: zur Pforte des Todes.

Ich wollte diesen Ort kennen lernen, ihn umschreiten und mich auf ein Leben nach diesem Leben vorbereiten. Es war das erste Mal in meinem Leben, dass ich diesen anscheinend Schrecken erregenden Ort betrat; das erste Mal, dass ich einer neuen Weise des Seins entgegensah.

Ich versuchte, meine vertraute Welt loszulassen, meine Lebensgeschichte, meine Freunde, meine Pläne. Ich versuchte, nicht zurückzublicken, sondern nach vorn zu schauen. Ich hielt den Blick fest auf das Tor gerichtet, das sich mir öffnen sollte, um mir etwas zu zeigen, das alles übertraf, was ich bisher gesehen hatte.

Was ich dann erfuhr, hatte ich noch nie zuvor erfahren: reine, bedingungslose Liebe. Besser gesagt – was ich erfuhr, war eine höchst persönliche Gegenwart; eine Gegenwart die all meine Furcht beiseite schob und mir sagte: »Komm, hab keine Angst. Ich liebe dich.« Eine sehr freundliche, gar nicht verurteilende Gegenwart; eine Gegenwart, die mich einfach bat zu vertrauen, ganz und gar zu vertrauen.

Ich zögere, einfach von Jesus zu sprechen, weil ich fürchte, der Name Jesu könnte nicht die volle göttliche Gegenwart erfassen, die ich erfuhr. Es war kein warmes Licht, kein Regenbogen oder offenes Tor, was ich *sah,* sondern eine menschliche und doch göttliche Gegenwart, die ich *fühlte* und die mich einlud, näher zu treten und all meine Furcht abzulegen.

Mein ganzes Leben war ich darum bemüht, Jesus nachzufolgen, so wie er mir durch meine Eltern, Freunde und Lehrer vertraut geworden war. Ich habe zahllose Stunden mit dem Studium der Heiligen Schrift verbracht, habe Vorlesungen und Predigten gehört wie auch viele geistliche Bücher gelesen. Jesus war mir sehr nah gewesen, doch zugleich sehr fern; ein Freund, aber auch ein Fremder; ein Grund der Hoffnung, aber auch eine Quelle der Angst, Schuld und Scham. Doch als ich jetzt das Tor des Todes umschritt, war alle Zweideutigkeit und Ungewissheit vergangen. Er, der Herr meines Lebens, war dort und sagte: »Komm zu mir, komm!«

Ich wusste ganz konkret, dass er für mich da war, doch auch, dass er das Universum umarmte. Ich wusste, dass er wirklich der Jesus war, zu dem ich gebetet und über den ich gesprochen hatte, doch zugleich, dass er jetzt nicht Gebete oder Worte von mir wollte. Alles war gut. Die Worte, die dies alles umfassen, heißen Leben und Liebe. Aber diese Worte waren in einer realen Anwesenheit Fleisch geworden. Der Tod verlor seine Macht und wich zurück vor dem Leben und der Liebe, die mich auf so innige Weise umgaben, so als schritt ich wie durch ein Meer, dessen Wasser zur Seite gedrängt worden waren. Ich wurde beschützt, als ich an das andere Ufer ging. Alle Eifersucht, aller Groll und Ärger waren sanft von mir genommen, und mir wurde gezeigt, dass Liebe und Leben größer, tiefer und stärker sind als all die Mächte, die mich geplagt hatten.

Ein Gefühl war sehr stark – das Gefühl, heimzukehren. Jesus öffnete sein Haus und schien mir zu sagen: »Das ist der Ort, wohin du gehörst.«

Die Worte, die er seinen Jüngern gesagt hatte: »Im Haus meines Vaters sind viele Wohnungen ... ich gehe, um euch einen Platz zu bereiten« (Johannes 14,2), wurden Wirklichkeit. Der auferstandene Jesus, der nun bei seinem Vater wohnt, hieß mich nach einer langen Reise zu Hause willkommen.

Diese Erfahrung war die Verwirklichung meiner beständigsten und tiefsten Wünsche. Seit ich zu denken begann, hatte ich den Wunsch, Jesus nahe zu sein. Jetzt spürte ich seine Gegenwart in überaus fassbarer Weise, so als hätte sich mein ganzes Leben verdichtet, und ich wurde von Liebe umhüllt. Dieses Heimkommen war wirklich wie ein Zurückkehren, eine Rückkehr in den Schoß Gottes.

Der Gott, der mich im Verborgenen entworfen und mich in den Tiefen der Erde geformt hatte, der Gott, der mich im Mutterleib entstehen ließ, rief mich nach einer langen Reise zu sich zurück und wollte mich als den wieder aufnehmen, der Kind genug geworden war, um wie ein Kind geliebt zu werden. Ich spreche hier nur für mich und vertraue einfach darauf, dass ich im Angesicht des Todes eine sehr klare Schau hatte.

Dabei sträubte ich mich noch gegen den Ruf heimzukehren. Über dieses Widerstreben sprach ich mit Sue bei einem ihrer Besuche. Was sich bei mir am meisten dem Sterben entgegenstellte, war das Gefühl unerledigter Angelegenheiten, ungelöster Konflikte mit Menschen, mit denen ich lebe oder gelebt hatte. Der Schmerz über vorenthaltene Vergebung, die ich anderen und andere mir verweigert hatten, fesselte mich an meine verwundete Existenz.

Vor meinem inneren Auge sah ich die Männer und Frauen, die in mir Gefühle des Ärgers, der Eifersucht, ja des Hasses geweckt hatten. Sie besaßen eine seltsame Macht über mich. Wenn ich auch in ihren Gedanken gewiss keine Rolle mehr spielte, so verlor ich doch immer, wenn ich an sie dachte, etwas von meinem inneren Frieden und meiner inneren Freude. Ihre Kritik, ihre Ablehnung und ihre Äußerungen der persönlichen Abneigung beeinflussten noch immer mein Selbstwertgefühl. Weil ich ihnen nicht wirklich von Herzen vergeben hatte, verlieh ich ihnen eine Macht über mich, die mich an meine alte, zerbrochene Existenz kettete.

Ebenso wusste ich, dass es immer noch Menschen gab, die mir böse waren; Menschen, die nicht ohne feindliche Gefühle von mir sprechen oder an mich denken konnten. Dabei brauchte ich nicht einmal näher zu wissen, was ich ihnen getan oder zu ihnen gesagt hatte. Ja ich brauchte nicht einmal zu wissen, wer sie waren. Sie hatten mir nicht vergeben und hielten mich in ihrem Ärger fest.

Im Angesicht des Todes wurde mir klar, dass mich nicht Liebe am Leben festhielt, sondern ungelöster Ärger. Liebe, reine Liebe, die ich gebe oder die mir

Hinter dem Spiegel des Lebens

geschenkt wird, macht mich frei, zu sterben. Der Tod kann diese Liebe nicht zerstören. Im Gegenteil, der Tod vermag sie nur zu vertiefen und zu stärken.

Die Menschen, die ich von Herzen liebe, wie auch alle, die mir zugetan sind, mögen meinen Tod betrauern, doch werden ihre Bindungen an mich dadurch nur fester und tiefer. Sie werden sich meiner erinnern, mich zum Teil ihres eigenen Lebensgefüges werden lassen und so meinen Geist auf ihrer Reise mitnehmen.

Nein, der eigentliche Kampf bestand nicht darin, geliebte Menschen verlassen zu müssen. Der eigentliche Kampf hatte etwas damit zu tun, Menschen zurückzulassen, denen ich nicht vergeben hatte und die mir nicht vergeben hatten. Dieses Empfinden hielt mich an meinen Leib gebunden und weckte in mir eine große Traurigkeit.

Mit einem Mal verlangte ich sehnlichst danach, alle Menschen an mein Bett zusammenzurufen, die mir böse waren, wie auch all jene, denen ich böse war. Ich wollte sie umarmen, sie um Verzeihung bitten und ihnen mein Verzeihen anbieten.

Der Gedanke an sie machte mir deutlich, dass sie eine Vielzahl von Meinungen, Urteilen und sogar Verurteilungen darstellten, die mich zum Sklaven dieser Welt gemacht hatten. Es schien geradezu, als hätte ich einen Großteil meiner Kraft darauf verwandt, mir und anderen zu beweisen, wie Recht ich mit meiner Überzeugung hatte, dass einigen Menschen nicht zu trauen war und dass andere mich ausnutzten oder mich beiseitezuschieben versuchten, und dass ganze Gruppen und Kategorien von Menschen meinen Ansprüchen nicht gerecht wurden. So hielt ich an der Illusion fest, ich sei dazu bestimmt, über menschliches Verhalten zu entscheiden und zu richten.

Als ich merkte, wie das Leben in mir schwächer und schwächer wurde, ergriff mich der tiefe Wunsch, zu vergeben und Vergebung zu erhalten, alle Urteile und Meinungen aufzugeben, um von der Last des Richtens befreit zu sein.

Ich sagte zu Sue: »Bitte sag doch allen, die mich verletzt haben, dass ich ihnen von Herzen vergebe, und bitte jeden, den ich verletzt habe, auch mir zu vergeben.«

Dabei spürte ich, wie ich die breiten Ledergurte ablegte, die ich als Kaplan im Range eines Hauptmanns während meiner Dienstzeit beim Militär getragen hatte. Solch einen Gurt trug ich nicht nur um meine Hüfte, Ledergurte kreuzten sich auch über meiner Brust und meinen Schultern. Sie waren das Zeichen für Geltung und Macht. Sie hatten mich darin bestärkt, über Menschen zu urteilen und ihnen ihren Platz zuzuweisen. Obwohl meine Dienstzeit in der Armee sehr kurz war, hatte ich diese Gurte innerlich nie ganz abgelegt.

Doch jetzt wusste ich, dass ich mit diesen Gurten, die mich gefangen hielten, nicht sterben wollte. Ich musste machtlos sterben, ohne Offiziersgurte, frei von jedem Urteilen.

Hinter dem Spiegel des Lebens

Was mich während dieser Stunden am meisten beunruhigte, war der Gedanke, mein Tod könnte bei einem Menschen ein Gefühl der Schuld oder der Beschämung hervorrufen oder ihn geistig in der Luft hängen lassen.

Ich hatte davor Angst, dass jemand sagen oder denken könnte: »Ich wollte, es hätte eine Möglichkeit gegeben, unseren Streit beizulegen und auszusprechen, was ich wirklich fühlte. Eine Gelegenheit, sagen zu können, was ich wirklich dachte ... Ich wollte gern, doch jetzt ist es zu spät.«

Ich weiß, wie schwer es ist, mit solch ungesagten Worten und verweigerten Gesten zu leben. Sie können unsere Dunkelheit vertiefen und zu einer Schuldenlast werden.

Ich wusste, dass mein Sterben für andere gut oder schlecht sein konnte, je nachdem, welche Wahl ich angesichts des Todes traf. So sagte ich wieder zu Sue: »Wenn ich sterben sollte, lass bitte jeden wissen, dass ich eine große Liebe für alle Menschen empfinde, denen ich begegnen durfte, dass ich auch die liebe, mit denen ich noch nicht versöhnt bin. Sag ihnen, dass sie keine Angst zu haben und sich nicht schuldig zu fühlen brauchen, sondern mich in das Haus meines Vaters gehen lassen sollen. Sie mögen darauf vertrauen, dass meine Gemeinschaft mit ihnen dort tiefer und inniger sein wird. Sag ihnen, dass sie sich mit mir freuen und für alles dankbar sein sollen, was Gott mir gegeben hat.«

Das war alles, was ich tun konnte. Sue nahm meine Worte mit offenem Herzen auf. Ich wusste, dass sie sie Frucht bringen lassen würde. Sie sah mich liebevoll an und gab mir zu verstehen, dass alles gut war. Von da an überließ ich mich Jesus und fühlte mich sicher wie ein Küken unter den Flügeln seiner Mutter.

Dieses Gefühl der Sicherheit hatte etwas mit der Gewissheit zu tun, dass alle Angst an ein Ende gelangt war: die Angst, nicht die Liebe empfangen zu können, die ich gern empfangen wollte, und die Liebe nicht geben zu können, die ich sehnlichst zu geben wünschte; Angst, die das Gefühl des Verlassen- und Zurückgestoßenseins hervorruft.

Das viele Blut, das ich verlor, wurde zum Sinnbild der Angst, die mich viele Jahre hindurch geplagt hatte. Sie sollte ebenso aus mir herausfließen, und ich sollte die Liebe erfahren, nach der ich mich aus ganzem Herzen gesehnt hatte. Jesus war da, um mir die Liebe seines Vaters anzubieten. Eine Liebe, die mein ganzes Verlangen war; auch eine Liebe, die mich fähig macht, alles zu geben.

Jesus selbst war von Angst ergriffen und hat sie durchlebt. Er kannte die Qual, das, was ihm das Höchste war, nicht geben oder empfangen zu können. Doch er ging durch diese Angst hindurch und vertraute darauf, dass ihn sein Vater, der ihn gesandt hatte, niemals allein lassen wird. Und nun war Jesus da. Er stand jenseits aller Angst und rief mich in »das andere Land«.

Auch Maria, die Mutter Jesu, war da. Doch ihre Gegenwart war viel weniger unmittelbar. Es schien, als wollte sie im Hintergrund bleiben. Zuerst war ich von der geradezu tastbaren Gegenwart Jesu so ergriffen, dass ich Maria kaum wahrnahm. Doch im Rückblick weiß ich, dass sie da war als liebevolle Zeugin der Begegnung meines Herzens mit dem Herzen ihres Sohnes.

Wie oft hatte ich gebetet: »Maria, Mutter Gottes, bitte für uns Sünder jetzt und in der Stunde unseres Todes.« Mir wurde bewusst, dass das »Jetzt« und »in der Stunde meines Todes« eine Einheit geworden waren. Ich wusste, dass sie da war, wenngleich sie nicht im Mittelpunkt stand.

Meine Schmerzen wurden so heftig, dass ich weder mit Worten beten noch viel denken konnte. Aber jedes Mal, wenn die Krankenschwester mir meinen Rosenkranz mit den Perlen aus Holz in die Hände legte, empfand ich es als Trost. Ich konnte nicht mehr, als diese Perlen berühren. Doch schien es auch alles zu sein, was ich tun musste, um zu beten. Es brauchte keine Worte, keine Gedanken, nur einfach berühren.

Als die Krankenschwestern mich auf meinem Bett in den Operationssaal schoben und dann mit ausgebreiteten Armen auf dem Operationstisch festschnallten, erfuhr ich einen großen inneren Frieden.

Ich sah in die verhüllten Gesichter und erkannte meine Hausärztin, Frau Dr. Prasad. Ich hatte nicht erwartet, dass man sie holen würde und war sehr glücklich, sie zu sehen. Ihre Anwesenheit gab mir das Gefühl, hier nicht unbekannt und in guten Händen zu sein.

Bald darauf interessierte ich mich dafür, wie man mich betäuben würde. Ich fragte danach, worauf die Schwester sagte, dass sie mir eine Spritze geben würde. Das tat sie dann auch. Es ist das Letzte, woran ich mich erinnern kann.

Es dauerte ein paar Wochen, bis mir Frau Dr. Prasad Näheres über die Operation erzählte: »Als ich die Milz wie eine Insel in einem Meer von Blut sah, bekam ich Zweifel, ob Sie die Operation überleben würden. Sie hatten beinahe zwei Drittel ihres Blutes verloren. Wir waren uns nicht sicher, ob es uns gelingen würde, Sie am Leben zu erhalten. Aber Dr. Barnes konnte die Blutung zum Stillstand bringen und die Milz entfernen. Er hat Ihnen das Leben gerettet.«

Es zeigte sich, dass weder der Chirurg, Dr. Barnes, noch meine Hausärztin aufgrund der Untersuchungen das ganze Ausmaß der Blutung erkannt hatten.

Doch als ich wieder auf die Intensivstation zurückgebracht wurde, spürten alle, die bei der Operation mitgewirkt hatten, dass ich dem Tode knapp entkommen war. Kurz nachdem ich aus der Narkose erwachte, sagte mir eine der Krankenschwestern: »Sie können ihm wirklich sehr dankbar sein.« Ich glaubte, dass sie dabei an den Operateur dachte. Doch als ich sie fragte, sagte sie, dass sie Gott meinte.

Hinter dem Spiegel des Lebens

In den Tagen nach der Operation entdeckte ich mehr und mehr, was es bedeutete, dem Tod entgangen zu sein und bald wieder zu Kräften zu kommen. Während Sue und viele andere Besucher froh und dankbar waren, dass ich mich außer Lebensgefahr befand und es mir recht gut ging, musste ich mich mit der einfachen Tatsache auseinandersetzen, in eine Welt zurückzukehren, von der ich mich schon losgelöst hatte.

Ich freute mich, am Leben zu sein, doch auf einer tieferen Ebene war ich irritiert und fragte mich, warum mich Jesus noch nicht heimgerufen hatte. Ja, ich war glücklich, wieder unter Freunden zu sein, aber dennoch musste ich mich fragen, warum es für mich besser sein sollte, in dieses »Tal der Tränen« zurückzukehren. Ich war sehr dankbar zu wissen, dass ich noch länger mit meinen Angehörigen und meiner Gemeinschaft zusammen sein könne, doch wusste ich ebenso, dass länger auf dieser Erde zu leben mehr Kampf, mehr Schmerz, mehr Angst und mehr Einsamkeit bedeuten würde.

Innerlich war es nicht einfach, die vielen Zeichen der Dankbarkeit für meine Genesung entgegenzunehmen. Es war mir unmöglich, in Worten auszusprechen: »Es wäre für dich besser gewesen, wenn ich gestorben wäre und mein Abschied von hier, dich näher zu Gott gebracht hätte.« Und dennoch sagte mir dies etwa so mein Geist.

Meine vordringlichste Frage wurde: »Warum bin ich am Leben geblieben, warum wurde ich nicht bereit erfunden, in das Haus Gottes zu gehen; warum wurde ich aufgefordert, an einen Ort zurückzukehren, an dem die Liebe so schwankend ist, an dem es schwer ist, Frieden zu erfahren, an dem die Freude sich so tief im Schmerz verbirgt?

Ich stellte mir diese Frage auf verschiedenste Weise, und mir war klar, dass ich in eine Antwort langsam hineinwachsen musste. Wenn ich mein Leben in den noch vor mir liegenden Jahren lebe, wird mich diese Frage immer begleiten, werde ich sie niemals ganz auf die Seite schieben können. Es ist die Frage, die mich an den Kern meiner Berufung führt: dass ich mit dem brennenden Verlangen lebe, mit Gott verbunden und berufen zu sein, seine Liebe zu verkünden, während mir ihre Erfüllung noch versagt ist.

Die Begegnung mit dem Tod half mir, die Spannung besser zu verstehen, die zu dieser Berufung gehört. Es ist zweifellos eine Spannung, die nicht aufgelöst, sondern tief durchlebt werden muss, um fruchtbar zu werden. Was ich über das Sterben gelernt habe, ist, dass ich dazu berufen bin, für andere zu sterben.

Die ganz einfache Wahrheit besteht darin: Die Art und Weise, wie ich sterbe, betrifft viele Menschen. Wenn ich in großer Verärgerung und Verbitterung sterbe, lasse ich meine Familie und meine Freunde verwirrt, schuldbewusst, beschämt, mit lähmenden Gefühlen zurück.

Als ich den Tod auf mich zukommen sah, wurde mir plötzlich klar, wie sehr ich die Herzen derer, die

Hinter dem Spiegel des Lebens

zurückbleiben würden, zu beeinflussen vermochte. Wenn ich ehrlich sagen könnte, dass ich dankbar für alles war, was mir im Leben widerfahren ist; wenn ich danach verlangte, zu vergeben und Vergebung zu erhalten, wenn mich die Hoffnung erfüllte, dass alle, die mich lieben, in Freude und Frieden weiterleben würden; wenn ich darauf vertraute, dass Jesus, der mich ruft, all den Menschen zur Seite stehen würde, die in irgendeiner Weise zu meinem Leben gehört haben – wenn ich all das tun könnte –, dann würde ich in der Stunde meines Todes eine weit größere geistige Freiheit zeigen, als ich in all den Jahren meines Lebens sichtbar machen konnte.

In meinem tiefsten Innern erkannte ich, dass Sterben der wichtigste Akt des Lebens ist. Es stellt einen vor die Wahl, andere in Schuld zu fesseln oder sie in Dankbarkeit zu befreien. Diese Wahl entscheidet zwischen einem Tod, der Leben gibt, und einem Tod, der vernichtet.

Ich weiß, dass viele Menschen in der tiefen Überzeugung leben, für Verstorbene nicht das getan zu haben, was sie eigentlich hätten tun wollen. Und sie sehen keinen Weg, wie sie von diesem ständig schwelenden Schuldgefühl geheilt werden könnten. Der Sterbende hat die einzigartige Chance, all denen die Freiheit zu gewähren, die er zurücklässt.

Während meiner »Sterbestunden« konzentrierten sich meine stärksten Gefühle auf meine Verantwortung für alle, die meinen Tod beklagen würden.

Die Frage war: Würden sie in Freude oder in Schuld trauern, in Dankbarkeit oder in Gewissensqual? Würden sie sich verlassen oder befreit fühlen?

Einige Menschen hatten mich tief verletzt, einige waren von mir tief verletzt worden. Mein inneres Leben war von ihrem Leben geprägt worden. Es war eine wirkliche Versuchung, sie in Gram oder Schuld gefangen zu halten. Doch ebenso wusste ich, dass ich wählen konnte, sie freizugeben und mich ganz und gar dem neuen Leben in Christus hinzugeben. Mein inniger Wunsch, durch Jesus mit Gott vereint zu sein, entsprang keiner Verachtung menschlicher Beziehungen, sondern einer festen Überzeugung von der Wahrheit, dass in Christus zu sterben tatsächlich mein größtes Geschenk für andere sein kann.

So gesehen ist das Leben ein langer Pilgerweg der Vorbereitung: des eigenen Vorbereitens darauf, für andere zu sterben. Es ist eine Folge von kleinen Toden, bei denen von uns verlangt wird, die vielerlei Abhängigkeiten aufzugeben und beständig darauf hinzustreben, andere nicht mehr zu gebrauchen, sondern für sie da zu sein. Die vielen Stufen der Entwicklung, die wir von der Kindheit bis zur Jugend, vom Heranwachsen zum Erwachsensein und vom Erwachsensein zum Alter durchlaufen, geben uns immer neue Gelegenheiten, zu wählen, sich entweder für uns oder für andere zu entscheiden.

Während dieser Entwicklung stellen sich uns Fragen wie: Will ich beherrschen oder dienen? Will ich im Vordergrund stehen oder im Hintergrund verborgen sein? Will ich nach einer glanzvollen Karriere streben oder soll ich meiner Berufung treu bleiben? Diese Fragen verlangen von uns harte Entscheidungen.

In diesem Sinne können wir das Leben als einen langen Prozess des Absterbens von uns selbst ansehen; ein Prozess, der uns fähig macht, in der Freude Gottes zu leben, und der unser Dasein zu einem Dasein für andere werden lässt.

Wenn ich darüber im Lichte meiner eigenen Begegnung mit dem Tod nachdenke, wird mir klar, wie ungewohnt solch eine Denkweise ist, und zwar nicht nur für die Menschen, mit denen ich zusammenlebe und arbeite, sondern auch für mich selbst. Nur im Angesicht des Todes ging mir auf – und dies vielleicht nur sehr flüchtig –, was das Leben im Grunde bedeutet. Rein gedanklich hatte ich wohl verstanden, was der Begriff des »Absterbens von sich selbst« besagt, doch im Angesicht des Todes selbst schien mir nun seine volle Bedeutung aufzugehen. Als ich sah, wie Jesus mich rief, alles loszulassen und ganz darauf zu vertrauen, dass auf diese Weise mein Leben für andere Frucht bringen würde, wurde mir mit einem Mal klar, was meine tiefste Berufung seit je war.

Meine Begegnung mit dem Tod gab mir eine neue Einsicht in die Bedeutung meines physischen Todes und des lebenslangen Absterbens von sich selbst, das ihm vorausgehen muss. Dass ich dem Leben mit seinen vielen Kämpfen wiedergegeben wurde, empfinde ich als Berufung, die Liebe Gottes in neuer Weise zu verkünden.

Bisher habe ich von hüben nach drüben, von der Zeit her zur Ewigkeit hin, von der vergänglichen Wirklichkeit zu einer unveränderlichen Wirklichkeit, von der Erfahrung menschlicher Liebe her zur Liebe Gottes hin nachgedacht und gesprochen.

Aber nachdem ich »die andere Seite« berührt habe, meine ich, dass ein neues Zeugnis gefordert ist: Ein Zeugnis, das vom Ort der bedingungslosen Liebe zurück in eine Welt der Zweideutigkeit spricht. Das stellt eine solch grundlegende Veränderung dar, dass es sehr schwierig, wenn nicht gar unmöglich sein mag, die Worte zu finden, die die Herzen meiner Mitmenschen zu erreichen vermögen. Dennoch glaube ich, dass Worte die tiefsten Sehnsüchte des menschlichen Herzens hervortreten lassen und sie wachrufen müssen.

Ich höre von neuem die Worte Jesu beim Abschied von seinen Jüngern: »Heiliger Vater ... sie sind nicht von der Welt, so wie ich nicht von der Welt bin ... Wie du mich in die Welt gesandt hast, so habe auch ich sie in die Welt gesandt ... Heilige sie in der Wahrheit! Dein Wort ist Wahrheit« (Johannes 17,16.18.17).

Die Erfahrung der Liebe Gottes in den Stunden, da der Tod mir sehr nahe war, ließ mich in neuer Weise erkennen, nicht zu der Welt – den dunklen Mächten unserer Gesellschaft – zu gehören. Dieses Bewusstsein vertiefte sich in meinem Herzen und führte mich da-

Hinter dem Spiegel des Lebens

zu, mich selbst, so wie ich bin, noch stärker anzunehmen: Ich bin ein Kind Gottes, Bruder Jesu. Ich stehe im
Schutz der bergenden göttlichen Liebe.

Als Jesus von Johannes im Jordan getauft wurde,
hörte er eine Stimme vom Himmel, die sprach: »Dies
ist mein geliebter Sohn, auf ihm ruht mein Gefallen«
(Matthäus 3,17). Diese Worte offenbaren die wahre
Identität Jesu: Er ist der vom Vater Geliebte.

Jesus hat diese Stimme wirklich gehört, und all seine Gedanken, Worte und Taten entsprangen diesem
tiefen Wissen, dass er von Gott unendlich geliebt wird.
Jesus lebte aus dieser inneren Gewissheit der Liebe.
Obwohl ihn Zurückweisung, Eifersucht, Ablehnung
und Hass tief trafen, blieb er doch immer in der Liebe
des Vaters verankert. Am Ende seines Lebens sagte er
zu seinen Jüngern: »Es kommt die Stunde, und sie ist
schon da, in der ihr zerstreut werdet, ein jeder in sein
Haus, und mich allein lasst. Doch bin ich nicht allein,
weil der Vater bei mir ist« (Johannes 16,32).

Jetzt weiß ich, dass die Worte, die zu Jesus während seiner Taufe gesprochen wurden, auch an mich
und alle Brüder und Schwestern Jesu gerichtet sind.
Meine Neigung zu Selbstablehnung und Selbstunter-
schätzung macht es mir schwer, die Wahrheit dieser
Worte zu vernehmen und sie in mein Herz eindringen
zu lassen. Aber sobald ich diese Worte ganz erfasst
habe, bin ich vom Zwang befreit, mich der Welt beweisen zu müssen. Dann kann ich in ihr leben, ohne
zu ihr zu gehören. Sobald ich die Wahrheit annehme,

dass ich ein Kind Gottes bin und von ihm geliebt, bedingungslos geliebt, kann ich in die Welt gesandt werden, um wie Jesus zu sprechen und zu handeln.

Die große geistliche Aufgabe, die sich mir stellt, besteht darin, so uneingeschränkt darauf zu vertrauen, Gott zu gehören, dass ich in der Welt frei sein kann – frei, um zu sprechen, auch wenn meine Worte nicht gehört werden; frei, um zu handeln, auch wenn mein Tun kritisiert, belächelt oder als nutzlos angesehen wird; frei auch, um Liebe von Menschen zu empfangen und dankbar zu sein für alle Zeichen der Gegenwart Gottes in der Welt. Ich bin davon überzeugt, dass ich die Welt wahrhaft zu lieben vermag, wenn ich fest darauf vertraue, weit über ihre Grenzen hinaus geliebt zu sein.

Als ich nach meiner Operation wieder erwachte und merkte, dass ich noch nicht im Hause Gottes war, sondern weiterhin in der Welt lebte, nahm ich intuitiv wahr, gesandt zu sein: gesandt, um die allumfassende Liebe des Vaters den Menschen bekannt zu machen, die nach Liebe hungern und dürsten, diese Liebe aber in einer Welt suchen, in der sie nicht gefunden werden kann.

Ich verstehe jetzt, dass das »Bekanntmachen« nicht in erster Linie eine Frage der Worte, Argumente, der Sprache und Methoden ist. Es kommt hier vielmehr auf eine Art In-der-Wahrheit-Sein an, das weniger zu überreden versucht als glaubhaft zu vertreten. Es ist der Weg des Zeugnisses. Ich muss drüben, auf der anderen

Seite bleiben, während ich zurückgeschickt werde. Ich muss die Ewigkeit leben, während ich das Suchen des Menschen in der Zeit erforsche. Ich muss Gott gehören, während ich mich den Mitmenschen hingebe.

Nachdem ich die Ewigkeit berührt habe, erscheint es mir unmöglich, von ihr so zu sprechen, als ob es sie nicht schon hier gäbe. Jesus sprach von seiner innigen, unerschütterlichen Gemeinschaft mit dem Vater in der Welt und verband damit Himmel und Erde.

Zu Nikodemus sagt Jesus: »Was wir wissen, davon reden wir, und was wir gesehen haben, das bezeugen wir« (Johannes 3,11). Kann ich wie Jesus werden und bezeugen, was ich gesehen habe?

Ja, ich kann in Gott leben und zur menschlichen Wirklichkeit sprechen.

Ich kann im Unvergänglichen zu Hause sein und dennoch die Bedeutung des Vergänglichen sehen.

Ich kann im Hause Gottes wohnen und dennoch in den Häusern der Menschen leben.

Mit dem Brot des Lebens gestärkt, kann ich für das Recht derer eintreten, die aus Mangel an Nahrung verhungern.

Ich kann den Frieden kosten, der nicht von dieser Welt ist, und mich in den Kämpfen der Menschen engagieren, um Gerechtigkeit und Frieden auf Erden zu errichten. Ich kann darauf vertrauen, dass ich schon irgendwo angekommen bin und von dort teilnehme an meiner eigenen fortdauernden Suche nach Gott wie auch an der meiner Mitmenschen. Ich kann die Erfahrung, Gott zu gehören, als den Ort ansehen, an dem ich das schmerzliche Los menschlicher Heimatlosigkeit und Entfremdung erleben kann.

Dabei besteht jedoch die Gefahr, einer falschen Sicherheit, einem Trugbild von Klarheit zu erliegen, ja sogar einem Absolutismus oder Dogmatismus: es ist die alte Versuchung, Zwang auszuüben. Von der Ewigkeit in die Zeit hinein zu sprechen, kann leicht als unterdrückend aufgefasst werden, da Antworten gegeben werden können, noch bevor Fragen gestellt sind.

Doch der Dienst Jesu war ganz und gar ein Dienst »von oben«, ein Dienst, der in seiner Beziehung zu seinem Vater im Himmel ruhte. Alle Fragen, die Jesus stellte, alle Antworten, die er gab, jeder Widerspruch, den er weckte, wie auch der Trost, den er anbot, gründeten in seinem Wissen von der bedingungslosen Liebe seines Vaters.

Sein Dienst war nicht unterdrückend, da er aus seiner tiefen Erfahrung hervorging, ohne jeden Vorbehalt geliebt zu sein; auch war dieser Dienst keineswegs von einem persönlichen Bedürfnis nach Anerkennung und Bestätigung bestimmt. Er war vollkommen frei, eben deshalb, weil er nicht zur Welt gehörte, sondern ausschließlich zum Vater.

Jesu Dienst ist das Modell für jeglichen Dienst. Deshalb kann das Sprechen »von oben« niemals autoritär, manipulierend oder unterdrückend sein. Es muss in einer Liebe verankert sein, die nicht nur frei ist von den Zwängen und Besessenheiten, die das Verhältnis

Hinter dem Spiegel des Lebens

der Menschen untereinander oft vergiften, sondern auch frei, um menschlichem Leiden im Geist des Mit-Leidens und des Vergebens beizuwohnen.

Für mich stellt sich die Frage, ob mich die Begegnung mit dem Tod von den Abhängigkeiten dieser Welt weit genug befreit hat, um meiner Berufung treu bleiben zu können, die – wie ich jetzt sehe – von droben »gesandt« ist. Sie umfasst zweifellos einen Ruf zu Gebet, Betrachtung, Stille, Einsamkeit und innerem Freisein. Ich muss bei meiner Wahl bleiben, »nicht in der Welt zu sein«, um zu ihr zu gehören; muss daran festhalten, nicht von hier unten zu sein, um von droben zu sein. Der Geschmack von Gottes uneingeschränkter Liebe verliert sich schnell, wenn die gewohnten Kräfte des Alltags wieder spürbar werden.

Die Klarheit über den Sinn des Lebens, die ich in einem Krankenhausbett gewonnen habe, verflüchtigt sich leicht, wenn die vielen täglichen Verpflichtungen wiederkehren und erneut das Leben beherrschen. Es bedarf größter Disziplin, ein Jünger Jesu zu bleiben, in seiner Liebe weiterhin verwurzelt zu sein und zu allererst von droben her zu leben.

Aber die Wahrheit meiner Erfahrung im Krankenhaus lässt sich nicht leugnen, auch wenn sie nur wie ein flüchtiger Blick auf eine strahlende Sonne hinter einem wolkenverhangenen Himmel war. Die vielen Wolken des Lebens können mich nicht länger dazu verleiten, abzustreiten, dass es die Sonne ist, die Licht und Wärme spendet.

Jesus sagt: »Ich bin der Weg und die Wahrheit und das Leben« (Johannes 14,6). Über diese Worte brauche ich nicht mehr nachzudenken oder zu meditieren. Sie haben mich innerlich tief berührt und sind zur fassbaren Wirklichkeit geworden. In der Sicht dieser Wirklichkeit sind Menschen, Dinge und Ereignisse wirklich, da sie mit der Liebe und dem Leben Gottes in Verbindung stehen, wie es mir in Jesus sichtbar wurde. Ohne diese göttliche Verbindung verlieren die Menschen, die Dinge und Ereignisse schnell das Ewige und werden zu verblassenden Träumen und flüchtigen Wunschbildern.

Sobald ich den Kontakt mit Gott verliere, der Wahrheit, Leben und Licht ist, verstricke ich mich wieder in den unzähligen alltäglichen »Realitäten«, die sich mir so darstellen, als besäßen sie endgültigen Wert. Wenn ich nicht ausdrücklich und ganz bewusst versuche, Gott im Innersten meines Herzens zu bewahren, wird es nicht lange dauern, bis meine Erfahrungen im Krankenhaus kaum mehr als eine fromme Erinnerung sind.

Die Art, wie meine Freunde auf meine Genesung reagierten, ließ mich darüber nachdenken, wie Leben und Tod in unserer Gesellschaft aufgefasst werden. Einmütig gratulierten sie mir zur wiederhergestellten Gesundheit und sprachen ihre Dankbarkeit dafür aus, dass es mir wieder so gut ging. Obwohl ich ihnen für ihre Aufmerksamkeit und Zuneigung sehr dankbar war, ließ mich doch die Begegnung mit Gott während der Stunden in unmittelbarer Nähe des Todes darüber nachdenken, ob es für mich tatsächlich das Beste war, dass es mir »wieder besser ging«.

Wäre es nicht besser gewesen, von dieser zweideutigen Welt vollständig befreit worden und in die volle Gemeinschaft mit Gott heimgekehrt zu sein?

Wäre es nicht besser gewesen, diese vergängliche Welt verlassen zu haben, um in der unbestechlichen Wirklichkeit Gottes die letzte Sicherheit zu finden?

Wäre es nicht besser gewesen, ans Ziel gelangt zu sein als weiter auf dem Weg?

Niemand, der mir einen Brief schrieb, mich anrief, mir Blumen schickte oder mich besuchte, schien so zu denken. Es überraschte mich nicht; ich hätte auf die Krankheit eines Freundes genauso reagiert. Trotzdem war ich etwas verblüfft, dass es keiner auch nur in Erwägung zog, die Rückkehr in das alte Leben nicht unbedingt als den bestmöglichen Ausgang meines Unfalls zu betrachten.

Niemand schrieb: »Nicht für bereit erachtet worden zu sein, zur Vollendung im Herrn zu gelangen, muss für Dich eine Enttäuschung gewesen sein, hast Du doch dem Herrn Dein Leben gewidmet. Aber als Dein Reisegefährte heiße ich Dich wieder im Lebenskampf willkommen.«

Die unzähligen liturgischen Texte, die von unserer Ungeduld auf das Leben mit Gott in ewiger Freude und ewigem Frieden sprechen, drücken offensichtlich nicht aus, wonach wir tatsächlich verlangen: das Leben auf dieser Erde, so schmerzlich und unglücklich es auch sein mag, scheint meinen Freunden anziehender zu sein als die Erfüllung der Verheißungen Gottes nach unserem Tod.

Ich sage das ohne jeden Zynismus und weiß nur zu gut, dass ich mich von meinen Freunden nicht unterscheide. Aber nachdem ich schon einen flüchtigen Blick hinter den Spiegel des Lebens werfen konnte, frage ich mich jetzt, ob unser begieriges Festhalten an diesem Leben nicht den Schluss nahe legt, dass wir den Kontakt zu einem wesentlichen Glaubenssatz verloren haben: dem Glauben an das ewige Leben.

All diese Erwägungen helfen mir dabei, die wahre Bedeutung meiner Rückkehr in dieses Leben zu erfassen. Immer weiter denke ich darüber nach, ob mir nicht ein paar zusätzliche Jahre gewährt wurden, um von der anderen Seite her zu leben. Theologie bedeutet, aus Gottes Perspektive die Welt zu betrachten. Vielleicht wurde mir die Gelegenheit geschenkt, jetzt theologischer zu leben und anderen zu helfen, dasselbe zu tun, ohne erst vom Außenspiegel eines vorbeifahrenden Lieferwagens getroffen zu werden.

Wie meine Gesundheit allmählich wieder hergestellt ist, entdecke ich, dass das Dilemma des heiligen Paulus – Christus durch das Leben oder durch den Tod zu rühmen – mein eigenes Dilemma geworden ist. Die Spannung, die von diesem Dilemma ausgeht, gehört zur Grundlage meines Lebens. Paulus schreibt:

»Denn für mich ist das Leben Christus und das

Sterben Gewinn. Gilt es aber, weiterzuleben im Fleisch, so bedeutet mir das ein fruchtbares Schaffen, und so weiß ich nicht, was ich vorziehen soll. Es zieht mich nach beiden Seiten hin: Ich habe das Verlangen, aufzubrechen und mit Christus zu sein, denn das wäre weitaus das Bessere. Das Verweilen im Fleisch aber ist notwendiger euretwegen. Und im Vertrauen darauf bin ich gewiss, dass ich noch bleibe und verweile unter euch allen zu eurem Fortschritt und zu euerer Freude im Glauben, damit euer Stolz, in Christus Jesus zu sein, durch mich wachse, wenn ich wieder zu euch komme« (Philipper 1,21–26).

Indem ich ins normale Leben zurückkehre, bete ich darum, dass diese Worte des Apostels Paulus mich immer begleiten mögen. Da ich die Einsicht gewonnen habe, dass mein Tod ein Geschenk für andere gewesen sein könnte, weiß ich jetzt, dass die Lebensjahre, die ich noch vor mir habe, in gleicher Weise ein Geschenk sind, weil beide, Leben und Sterben, ihre wahre Bedeutung in der Ehre Jesu Christi finden. Deshalb gibt es keinen Grund, darüber beunruhigt zu sein.

Christus, der Auferstandene, ist der Herr des Lebens wie auch des Todes. Ihm gehört aller Ruhm, alle Ehre und alles Lob. Es mag sein, dass der Rückspiegel des vorbeifahrenden Lieferwagens mich getroffen hat, um mich eben daran zu erinnern.

3. Wir sind Kinder Gottes

Alte Männer und alte Frauen müssen sich auf das Sterben vorbereiten. Aber wie bereiten wir uns darauf richtig vor? Für mich heißt das zunächst einmal, dass ich wieder ein Kind werde. Das heißt, dass ich bewusst mein Kind-Sein für mich in Anspruch nehme. Das scheint zunächst unserem natürlichen Bedürfnis, ein Höchstmaß an Unabhängigkeit zu bewahren, entgegenzulaufen. Und dennoch: es ist ganz wesentlich für die Vorbereitung auf ein gutes Sterben, dass man wieder zum Kind wird, dass man zu einer zweiten Kindheit findet. Diese zweite Kindheit meint Jesus, wenn er sagt: »Wenn ihr nicht umkehrt und werdet wie die Kinder, könnt ihr nicht in das Himmelreich kommen« (Matthäus 18,3).

Worin besteht diese zweite Kindheit? Sie beinhaltet eine neue Art von Abhängigkeit. Ungefähr unsere ersten zwanzig Lebensjahre lang sind wir von unseren Eltern, Lehrern und Freunden abhängig. Vierzig Jahre danach werden wir wieder in zunehmendem Maß abhängig. Je jünger wir sind, auf desto mehr Menschen sind wir zum Leben angewiesen, und je älter wir werden, auf desto mehr Menschen werden wir wiederum angewiesen. Unser Leben bewegt sich von der einen Abhängigkeit in die andere.

Darin besteht das Geheimnis, das uns Gott durch Jesus offenbart, dessen Leben ein Weg von der Krippe bis zum Kreuz war. Hineingeboren in die völlige

Abhängigkeit von den ihn umgebenden Menschen, starb er als das passive Opfer der Taten und Entscheidungen anderer Menschen. Das stellt den Weg von der ersten zur zweiten Kindheit dar. Er kam als Kind und starb als Kind. Er lebte sein Leben so, dass wir unser eigenes Kindsein ein erstes und ein zweites Mal in Anspruch nehmen und so wie er unseren Tod zu einer neuen Geburt umwandeln können.

Wir stoßen hier auf ein merkwürdiges Paradox: die Abhängigkeit von Menschen führt oft in die Sklaverei, aber wo man sich voll Vertrauen in die Abhängigkeit von Gott begibt, führt das in die Freiheit. Wenn wir wissen, dass uns Gott sicher in seinen Händen hält – ganz gleich, was auch geschehen mag –, brauchen wir uns vor absolut nichts und niemandem zu fürchten, sondern können unseren Weg durchs Leben mit großem Vertrauen gehen. Das ist eine radikal andere Sicht als das, was wir gemeinhin glauben. Uns stehen ja die vielen Beispiele vor Augen, wie Menschen, sobald sie abhängig sind, unterdrückt und ausgebeutet werden, und so können wir uns echte Freiheit nur als Freisein von jeglicher Form der Abhängigkeit vorstellen. Doch man kann das alles auch ganz anders sehen. Wenn wir uns auf unsere grundlegende Abhängigkeit von Gott einlassen, und zwar als Gabe, nicht als Fluch, können wir »die Freiheit der Kinder Gottes« entdecken. Diese tiefe innere Freiheit setzt uns in den Stand, unseren Feinden offenen Widerstand zu leisten, das Joch der Unterdrückung abzuwerfen und soziale und ökonomische Verhältnisse zu schaffen, die uns in die Lage versetzen, als Brüder und Schwestern miteinander zu leben, die Kinder des einen Gottes sind, dessen Name »Liebe« ist. Ich glaube, in diesem Sinn spricht Jesus von Freiheit. Es handelt sich um die Freiheit, die darin gründet, dass wir Kinder Gottes sind.

Unser Leben ist von vielen Ängsten besetzt. Wir haben Angst vor Konflikten, vor Krieg, vor einer ungewissen Zukunft, vor Krankheit und, mehr als vor allem anderen, vor dem Tod. Diese Angst beeinträchtigt unsere Freiheit und verleiht unserer Gesellschaft die Macht, uns mittels Drohungen und Versprechungen zu manipulieren. Wenn wir hingegen über alle unsere Ängste hinaus mit dem in Kontakt kommen, der uns mit einer Liebe umgibt, die schon lange vor unserer Geburt da war und noch lange nach unserem Tod lebendig sein wird, dann werden uns weder Unterdrückung noch Verfolgung und nicht einmal der Tod unsere Freiheit nehmen können. Haben wir erst einmal dieses tiefe innere Wissen erlangt – ein Wissen mehr mit dem Herzen als mit dem Verstand –, dass wir aus der Liebe Gottes geboren sind und in die Liebe Gottes hinein sterben werden; dass wir mit allen Fasern unseres Wesens zutiefst in der Liebe verwurzelt sind und dass diese Liebe unser wahrer Vater und unsere wahre Mutter ist – dann verlieren alle Formen des Bösen, der Krankheit und des Todes letztlich ihre Macht über uns. Sie bleiben schmerzlich, aber sie enthalten dennoch einen Keim Hoffnung und erinnern uns daran, dass wir in Wirklichkeit Kinder Gottes sind. Der Apostel Paulus bringt diese Erfahrung der grenzenlosen Freiheit der Kinder Gottes zum Ausdruck, wenn er schreibt: »Ich bin gewiss: Weder Tod noch Leben, weder Engel noch Mächte, weder Gegenwärtiges noch Zukünftiges, weder Kräfte, weder Höhe noch Tiefe noch irgendeine andere Kreatur können uns scheiden von der Liebe Gottes, die in Christus Jesus ist, unserem Herrn« (Römer 8,38–39).

So besteht unsere erste Aufgabe bei unserer Einstellung auf unseren Tod darin, für uns die Freiheit der Kinder Gottes in Anspruch zu nehmen. Wenn wir das fertig bringen, nehmen wir dem Tod alle weitere Macht über uns.

Das Wort »Kind« ist nicht ganz unproblematisch. Darin schwingen die Vorstellungen von Kleinsein, Schwäche, Naivität und Unreife mit. Aber wenn ich sage, wir müssten uns um ein zweites Kindsein bemühen, denke ich nicht an ein zweites Stadium der Unreife. Im Gegenteil: mir geht es um die Reife der Söhne und Töchter Gottes. Es handelt sich um Söhne und Töchter, die auserwählt sind, das Reich Gottes zu erben. Ein Kind Gottes zu sein, heißt nicht, klein, schwach oder naiv zu sein. Im Gegenteil: das Bewusstsein unserer Erwählung als Kinder Gottes lässt uns hocherhobenen Hauptes vor Gottes Antlitz treten, selbst wenn uns unser Weg durch eine Welt führt, die allenthalben auseinander fällt. Als Söhne und Töchter Gottes können wir mit dem Selbstbewusstsein von

Erben, die ihren Besitz antreten, durch das Tor des Todes schreiten. Auch das verkündet Paulus laut und deutlich, wenn er sagt: »Alle, die sich vom Geist Gottes leiten lassen, sind Kinder Gottes. Ihr habt doch nicht einen Sklavengeist empfangen, dass ihr euch wieder fürchten müsstet, sondern ihr habt den Geist der Kindschaft empfangen, in dem wir rufen: Abba, Vater! Der Geist selbst bezeugt unserem Geist, dass wir Kinder Gottes sind. Wenn aber Kinder, dann auch Erben, Erben Gottes und Miterben Christi, wenn wir mitleiden, um auch mitverherrlicht zu werden« (Römer 8,14–17).

Das ist nicht die Stimme eines kleinen, ängstlichen Kindes. Das ist die Stimme eines geistlich reifen Menschen, der weiß, dass er in Gottes Gegenwart lebt und dem die vollkommene Abhängigkeit von Gott zur Quelle seiner Stärke geworden ist, zum Grund seines Muts und zum Geheimnis seiner wahren inneren Freiheit.

Ich möchte mit einer kleinen Geschichte abschließen, die mir unlängst ein Freund erzählt hat. Sie handelt von Zwillingen, Bruder und Schwester, die sich vor ihrer Geburt im Schoß ihrer Mutter unterhalten. Die Schwester sagte zu ihrem Bruder: »Ich glaube an ein Leben nach der Geburt!« Ihr Bruder erhob lebhaft Einspruch: »Nein, nein, das hier ist alles. Hier ist es schön dunkel und warm, und wir brauchen uns lediglich an die Nabelschnur zu halten, die uns ernährt.« Aber das Mädchen gab nicht nach: »Es muss doch mehr

Wir sind Kinder Gottes

als diesen dunklen Ort geben; es muss anderswo etwas geben, wo Licht ist und wo man sich frei bewegen kann.« Aber sie konnte ihren Zwillingsbruder immer noch nicht überzeugen. Dann, nach längerem Schweigen, sagte sie zögernd: »Ich muss noch etwas sagen, aber ich fürchte, du wirst auch das nicht glauben: Ich glaube nämlich, dass wir eine Mutter haben!« Jetzt wurde ihr kleiner Bruder wütend: »Eine Mutter, eine Mutter!«, schrie er. »Was für Zeug redest du denn daher? Ich habe noch nie eine Mutter gesehen, und du auch nicht. Wer hat dir diese Idee in den Kopf gesetzt? Ich habe es dir doch schon gesagt: Dieser Ort ist alles, was es gibt! Warum willst du immer noch mehr? Hier ist es doch alles in allem gar nicht so übel. Wir haben alles, was wir brauchen. Seien wir also damit zufrieden.« Die kleine Schwester war von dieser Antwort ihres Bruders ziemlich erschlagen und wagte eine Zeit lang nichts mehr zu sagen. Aber sie konnte ihre Gedanken nicht einfach abschalten, und weil sonst niemand da war, mit dem sie hätte darüber sprechen können, sagte sie schließlich doch wieder: »Spürst du nicht ab und zu diesen Druck? Das ist doch immer wieder ganz unangenehm. Manchmal tut es richtig weh.« – »Ja«, gab er zur Antwort, »aber was soll das schon heißen?« Seine Schwester darauf: »Weißt du, ich glaube, dass dieses Wehtun dazu da ist, um uns auf einen anderen Ort vorzubereiten, wo es viel schöner ist als hier und wo wir unsere Mutter von Angesicht zu Angesicht sehen werden. Wird das nicht ganz aufregend sein?«

Ihr kleiner Bruder gab ihr keine Antwort mehr. Er hatte endgültig genug vom dummen Geschwätz seiner Schwester und dachte, am besten sei es, einfach nicht mehr auf sie zu achten und zu hoffen, sie würde ihn in Ruhe lassen.

Diese kleine Geschichte kann uns vielleicht helfen, unseren eigenen Tod mit neuen Augen zu sehen. Wir können so leben, als sei dieses Leben alles, was wir haben und als sei der Tod einfach etwas Absurdes, und folglich sei es das Beste, überhaupt nicht davon zu reden. Oder wir können uns dafür entscheiden, unsere Bestimmung als Kinder Gottes bewusst zu wählen und darauf zu vertrauen, dass der Tod ein zwar schmerzlicher, aber gesegneter Durchgang ist, der uns von Angesicht zu Angesicht vor unseren Gott stellt.

4. Wir sind füreinander Brüder und Schwestern

Es gibt zwei besonders intensive Arten der Freude: die eine stammt aus der Erfahrung, anders als alle andern zu sein, die andere aus der Erfahrung, der gleiche wie alle andern zu sein.

Die erste Art Freude habe ich beobachtet, als ich mir im Fernsehen die Olympischen Sommerspiele anschaute. Das war die Freude derer, die auf der Siegertreppe standen und ihre Bronze-, Silber- oder Goldmedaillen in Empfang nahmen. Diese Freude kam einfach daher, dass sie schneller laufen, höher springen oder weiter werfen konnten als alle anderen. Mochte der Unterschied zu den anderen auch nur äußerst gering sein, so kam auf ihn doch alles an. Er veränderte den Zustand des Betreffenden radikal, bewirkte, dass er als Sieger statt als Verlierer dastand, dass ihn ekstatische Freude erfasste, statt dass ihm Tränen der Enttäuschung kamen. Das ist die Freude des Siegers und des Stars. Es ist die Freude, die spontan aufbricht, wenn man aus einem Wettbewerb mit Erfolg hervorgeht, einen Preis gewinnt, geehrt wird, sich im Rampenlicht sonnen darf.

Ich kenne diese Freude aus eigener Erfahrung. Ich weiß, wie das ist, wenn man in der Schule einen Preis verliehen bekommt, wenn man zum Klassensprecher gewählt wird, wenn man promoviert wird, wenn man sein erstes eigenes Buch in Händen hält, wenn einem Auszeichnungen zuteil werden. Ich kenne diese ungeheure Genugtuung, wenn man anders als alle andern dasteht. Das verscheucht viele Selbstzweifel und verleiht ein ungeheures Selbstvertrauen. Das ist die Freude, »es geschafft zu haben«, die Freude, als jemand Besonderes hervorgehoben zu werden. Wir alle sehnen uns irgendwo, irgendwie nach dieser Freude. Aber – im Grunde bleibt das doch die Freude desjenigen, der gebetet hat: »Ich danke dir, dass ich nicht bin wie die übrigen Menschen« (Lukas 18,11).

Doch da gibt es noch eine andere Art Freude. Sie ist schwieriger zu beschreiben, aber leichter zu finden. Das ist die Freude, der Bruder oder die Schwester aller anderen Menschen zu sein.

Obwohl diese Freude viel näher liegt und darum viel leichter erreichbar ist als die Freude, anders zu sein, ist das keine Freude, die offen zutage liegt, und nur wenige Menschen finden sie wirklich. Es handelt sich um die Freude, zu dieser ungeheuren Vielfalt von Menschen aller Altersstufen, Hautfarben und Religionen zu gehören, die zusammen die eine große Menschheitsfamilie bilden. Es ist die atemberaubende Freude, ein Mitglied des Menschengeschlechts zu sein.

Wiederholt in meinem Leben habe ich diese Freude schon verspürt. Am lebhaftesten 1964, als ich mit meinem kleinen roten Volkswagen nach Alabama gefahren bin und mit Tausenden von Menschen an dem Marsch für die Bürgerrechte teilgenommen habe, den Martin Luther King von Selma nach Montgomery geführt hat. Während dieses Marsches empfand ich eine unvergessliche Freude. Ich war ganz allein gekommen. Niemand kannte mich, niemand hatte jemals von mir gehört. Aber als wir so gemeinsam dahinschritten, einander die Arme um die Schultern legten und sangen: »We shall overcome some day«, erfasste mich eine Freude, wie ich sie noch nie in meinem Leben empfunden hatte. Ich sagte zu mir selbst: »Ja, ja, ich gehöre dazu. Das ist mein Volk. Sie haben viele verschiedene Hautfarben, Religionen und Lebensstile, aber sie alle sind meine Brüder und Schwestern. Sie lieben mich, ich liebe sie. Ihr Lachen und Weinen ist mein Lachen und Weinen; ihre Gebete und Zukunftsvisionen sind meine Gebete und Zukunftsvisionen, ihre Ängste und Hoffnungen sind meine Ängste und Hoffnungen. Ich bin ganz eins mit ihnen.«

In einem Augenblick schienen alle Unterschiede wie Schnee in der Sonne dahinzuschmelzen. Alle meine Ängste waren verschwunden, ich fühlte mich von der ganzen Menschheit in die Arme genommen. Obwohl ich mir durchaus darüber im Klaren war, dass manche dieser Leute, mit denen ich Hand in Hand durch die Straßen zog, Jahre im Gefängnis gewesen, drogen- oder alkoholsüchtig, vereinsamt oder depressiv waren und völlig anders lebten als ich, kamen sie mir alle wie Heilige vor, die vor Gottesliebe strahlten. Tatsächlich waren sie Gottes Volk, von Gott unendlich geliebt und unter seinem grenzenlosen Erbarmen geborgen. Meine persönlichen Fehler und Schwächen, die mir so oft Gefühle der Schuld und Scham eingeflößt hatten, schienen mich gar nicht mehr zu belasten. Ich empfand nur noch ein vollkommenes Gleichsein, eine tiefe Kommunion mit allen Menschen, ein erhebendes Gefühl der Geschwisterlichkeit.

Ich bin zutiefst davon überzeugt, dass es diese Art Freude ist, die Freude, so wie die andern zu sein und zur einen Menschheitsfamilie zu gehören, was uns zu einem guten Sterben verhilft. Dagegen kann ich mir nicht vorstellen, wie man sich auf das Sterben vorbereiten könnte, wenn man seine Hauptsorge darauf verlegt, die Trophäen abzuzählen, die man im Lauf seiner besten Jahre eingesammelt hat. Das wesentliche Geschenk, das in unserem Sterben auf uns wartet, ist das Geschenk des Einswerdens mit allen anderen Menschen. So verschieden voneinander wir sonst auch sein mögen: alle kommen wir völlig wehrlos auf die Welt, und alle verlassen wir auch diese Welt wieder in völliger Wehrlosigkeit. Die kleinen Unterschiede, die es in unserem Leben dazwischen gibt, schwinden alle wieder im Licht dieser ungeheuren Wahrheit dahin. Oft wird diese Wahrheit so dargestellt, als sei sie ein Grund zum Traurigwerden. Oft wird sie als »ernüchternde Wahrheit« präsentiert. Aber eine wichtige Aufgabe für uns besteht darin, diese Wahrheit als eine Quelle ungeheurer Freude zu entdecken, weil sie uns in den Stand versetzt, unser Sterbenmüssen im Bewusstsein anzugehen, dass wir diesen Übergang zu einem neuen Leben solidarisch mit allen Menschen auf dieser Erde vollziehen.

Ein guter Tod ist ein Tod in Solidarität mit anderen. Um uns auf einen solchen guten Tod vorzubereiten, müssen wir den Sinn für diese Solidarität entwickeln und vertiefen. Solange wir darin befangen bleiben, unseren Tod als ein Ereignis auf uns zukommen zu sehen, das uns von allen andern Menschen trennt, können wir unseren Tod nur als trauriges und schmerzliches Ereignis ins Auge fassen. Aber wenn sich in uns allmählich das Bewusstsein entwickelt, dass uns unser Sterben mehr als alles andere in die Solidarität mit anderen führt, kann unser Sterben zur Feier unseres Einswerdens mit dem ganzen Menschengeschlecht werden. So kann uns der Tod mit allen anderen vereinen, statt uns von ihnen zu trennen; statt uns nur Schmerz einzuflößen, kann er uns eine neue Art Freude erschließen, und statt bloß als Ende unseres Lebens zu drohen, kann er zur Verheißung eines neuen Anfangs werden.

Zunächst mag das absurd klingen. Wie kann unser Sterben und Tod zur Einheit statt zur Trennung führen? Stellt der Tod nicht die endgültige Trennung dar? Doch, er stellt sie unvermeidlich dar, solange wir nach den Maßstäben einer Wettbewerbsgesellschaft leben, der es immer nur um die Frage geht: »Wer ist der Stärkste?« Aber wenn wir uns darauf besinnen, dass wir Kinder Gottes sind und in uns das Vertrauen nähren, dass wir schon lange vor unserer Geburt zu Gott gehört haben und auch nach unserem Tod zu ihm gehören werden, dann kann sich uns die Erfahrung erschließen, dass in Wirklichkeit alle Menschen auf diesem Globus unsere Brüder und Schwestern sind, die mit uns durch ihre Geburt und ihr Sterben hindurch zu einem neuen Leben unterwegs sind. Wir sind nicht allein; jenseits von allem, was uns trennt, gehören wir zusammen. Das Geheimnisvolle am Leben ist, dass wir dieses Zusammengehören aller Menschen nicht entdecken, solange wir mächtig und stark sind, sondern erst, wenn wir schwach und verletzlich sind.

Das erfahrungsmäßige Wissen, dass wir wie jeder andere Mensch sterben werden, kann uns mit einer tiefen Freude erfüllen, die uns dazu verhilft, unser Sterben frei und ohne Angst ins Auge zu fassen. Wir können dann nicht nur sagen: »Es ist schön, dass wir so wie alle andern leben können«, sondern auch: »Es ist schön, so wie alle andern sterben zu können«.

Manche von uns sterben früher, manche sterben später, die einen nach einem kurzen, die andern nach einem langen Leben; manche sterben infolge einer Krankheit, andere sterben plötzlich und unerwartet – aber auf jeden Fall sterben wir alle; uns und alle andern erwartet ausnahmslos das gleiche Los. Im Licht dieser ungeheuren Gleichheit aller Menschen müssen uns die vielen Unterschiede, die zwischen uns im Hinblick auf unsere Lebensweisen und -umstände bestehen, nicht mehr voneinander trennen, sondern sie können im Gegenteil unseren Sinn dafür, dass wir alle zutiefst eins sind, vertiefen. Diese Kommunion mit der gesamten Menschheitsfamilie, dieser tiefe Sinn dafür, dass

Füreinander Brüder und Schwestern

wir alle zusammengehören, nimmt dem Sterben seinen Stachel und führt uns weit über die Grenzen unseres eigenen Lebens-Spielraums hinaus. Zutiefst wissen wir: wir sind so fest und unauflöslich miteinander verbunden, dass uns selbst der Tod nicht trennen kann.

Wir rühren hier an den Kern der Botschaft Jesu. Jesus ist nicht einfach gekommen, um unsere Aufmerksamkeit von dieser Welt weg auf ein neues Leben nach dem Tod zu wenden. Nein, er ist gekommen, um in uns das Bewusstsein zu wecken, dass wir alle, da wir Kinder Gottes sind, seine Brüder und Schwestern und füreinander Geschwister sind, und dass wir deshalb miteinander ohne Angst vor dem Tod leben können. Er möchte uns nicht nur an seiner Gotteskindschaft teilhaben lassen, sondern er möchte, dass wir als Kinder Gottes auch ganz ausdrücklich und froh die Tatsache leben, dass wir alle füreinander Brüder und Schwestern sind. Er sagt zu uns: »Wie mich der Vater geliebt hat, so habe auch ich euch geliebt« (Johannes 15,9) und: »Wie ich euch geliebt habe, so sollt auch ihr einander lieben« (Johannes 13,34).

Johannes hat seine Briefe viele Jahre nach dem Tod Jesu geschrieben, und er weist ganz deutlich auf den inneren Zusammenhang zwischen unserer Gotteskindschaft und unserem Geschwistersein füreinander hin. Er sagt: »Wir wollen lieben, weil Gott uns zuerst geliebt hat. Wenn jemand sagt: Ich liebe Gott!, aber seinen Bruder hasst, ist er ein Lügner. Denn wer seinen Bruder, den er sieht, nicht liebt, vermag Gott, den er nicht sieht, erst recht nicht zu lieben. Und dieses Gebot haben wir von ihm: Wer Gott liebt, soll auch seinen Bruder lieben« (1 Johannes 4,19–21).

Diese Freude, dass wir als Brüder und Schwestern alle zusammengehören, ermöglicht es uns, getrost zu sterben, denn wir müssen nicht mehr ganz allein sterben, sondern können das in innigster Solidarität mit allen anderen Menschen auf diesem Erdball tun. Diese Solidarität weckt Hoffnung.

In vielen Regionen der Erde sterben Menschen durch Gewalt – Krieg, Terror, Unterdrückung. Wir als ihre Brüder und Schwestern müssen alles daran setzen, ihren Unterdrückern bei ihrem mörderischen Treiben Einhalt zu gebieten, aber wir müssen zugleich nüchtern damit rechnen, dass wir genau wie sie sterben werden. In vielen Ländern sterben junge und alte Menschen an Krebs und Aids. Als ihre Schwestern und Brüder müssen wir sie so gut wie nur möglich pflegen und uns um ihre Heilung bemühen, aber wir sollten niemals vergessen, dass wir wie sie sterben werden. Zahllose Männer und Frauen sterben aus Armut und Vernachlässigung. Wir als ihre Brüder und Schwestern müssen ihnen unsere Quellen und Hilfsmittel erschließen. Aber wir müssen uns ständig in Erinnerung rufen, dass wir genau wie sie sterben werden.

So werden die Menschen, die überall auf der Welt an Hunger, Unterdrückung, Krankheit und Verzweiflung, Gewalt und Krieg sterben, auf geheimnisvolle Weise unsere Lehrmeister. Mit ihrem unendlichen

Leid und Schmerz bitten sie um unsere Solidarität, und zwar nicht nur im Leben, sondern auch im Tod. Nur wenn wir es zulassen, dass sie uns mit ihrem Sterben zu einem guten Tod verhelfen, können wir ihnen zu einem guten Leben verhelfen, denn dann können wir dem Tod mit Hoffnung entgegentreten und können das Leben mit Großzügigkeit leben.

Wir sterben alle ganz arm. In unseren letzten Stunden sind alle unsere Mittel zum Weiterleben erschöpft. Keine noch so hohe Geldsumme, kein Ausmaß an Macht oder Einfluss kann uns helfen, uns den Tod zu ersparen. Das ist wirkliche Armut. Aber Jesus sagt: »Selig ihr Armen, denn euch gehört das Reich Gottes« (Lukas 6,20). In der Armut des Sterbens steckt ein verborgener Segen. Es ist der Segen, der uns zu Brüdern und Schwestern in einem einzigen Reich werden lässt. Es ist der Segen, den wir von anderen Sterbenden empfangen. Es ist der Segen, den wir anderen geben, wenn unsere Sterbestunde gekommen ist. Es ist der Segen von dem Gott her, dessen Leben ewig währt. Es ist der Segen, der weit über Geburt und Tod hinausreicht. Es ist der Segen, der uns sicher von Ewigkeit zu Ewigkeit trägt.

Ich möchte mit einer Geschichte über eine gute Bekannte abschließen, die schwer krank war. Sie war eine große Marienverehrerin und beschloss, eine Pilgerreise nach Lourdes in Frankreich zu machen, um dort Heilung zu suchen. Als sie abreiste, war ich in Sorge, sie könnte bitter enttäuscht werden, wenn sie kein Wunder erlebte. Aber nach ihrer Rückkehr sagte sie: »Ich habe noch nie so viele Kranke auf einmal gesehen. Als ich dieses Meer menschlichen Leidens vor Augen hatte, wollte ich gar kein Wunder mehr für mich. Ich wollte keine Ausnahme mehr sein. Ich wollte zutiefst nur noch eine von ihnen sein, wollte zu all diesen leidenden Menschen gehören. Statt um meine Heilung zu beten, betete ich um die Gnade, zu meiner Krankheit aus Solidarität mit ihnen allen Ja sagen zu können. Und ich glaube fest daran, dass die Muttergottes mein Gebet zu Jesus tragen wird.«

Dieser völlige Gesinnungswandel im Gebet meiner Bekannten bewegte mich tief. Sie, die zunächst anders als alle diese Kranken hatte sein wollen, hatte mit einem Mal den lebhaften Wunsch verspürt, wie sie zu sein und ihre Leiden mit ihnen als ihre Schwester zu teilen.

Diese Begebenheit zeigt, welch heilende Kraft die Erfahrung menschlicher Solidarität hat. Diese heilende Kraft hilft uns nicht nur, mit unserer Krankheit gut auszukommen, sondern sie schenkt uns auch ein neues Verhältnis zu unserem Tod. Wir können von unserer Angst vor dem Tod geheilt werden, und zwar nicht durch ein Wunder, das uns das Sterben erspart, sondern durch die heilsame Erfahrung, ein Bruder oder eine Schwester aller Menschengeschwister in Ver-gangenheit, Gegenwart und Zukunft zu sein, die mit uns dieses hinfällige Leben teilen. Wenn wir uns auf diese Erfahrung einlassen, können wir die tiefe

Freude verkosten, Menschen zu sein, und zugleich erschließt sie uns einen Vorgeschmack unserer Kommunion mit allen Menschen.

Wie wir Mutter ansahen – sie lag da, vom Ringen völlig erschöpft, kurz und stoßweise atmend –, bemerkten wir, wie sich in unserer Erinnerung alles, was gewesen war, zusammenzufassen begann. Mein Vater schaute mich an und sagte ganz leise: »Ich sehe mein ganzes Leben mit deiner Mutter vor meinen Augen vorbeiziehen: das erste Mal, als wir uns begegneten, unsere ersten glücklichen Tage, unsere ersten kleinen Meinungsverschiedenheiten und Streitigkeiten, die harten Tage gemeinsamen Arbeitens, deine Geburt und alles, was danach kam bis jetzt ... Ich sehe es vor mir wie ein kleines Bild, das ich betrachten kann.« Als ich ihn anblickte, empfand ich am eigenen Leib, wie kurz das Leben ist: ein Aufleuchten, ein Moment, ein Atemzug ... Ankunft und Abreise ... gestern und heute ... alles zusammengepresst in einem Augenblick. Ein einzigartiger Moment voll Zärtlichkeit und Innigkeit. Hier sprach durchaus nicht der Weise zum Einfältigen, der Alte zum Jungen, der Erfahrene zum Unerfahrenen. Hier gab es nicht länger weise und einfältig, alt und jung, erfahren und unerfahren. Hier im Angesicht des Todes waren wir tatsächlich gleich und empfanden unser Gleichsein als eine Gnade.

5. Wir sind Eltern der kommenden Generationen

Marina, meine Schwägerin, ist erst achtundvierzig Jahre alt. Sie liegt im Sterben. Vor fünf Jahren hat ihr der Arzt eröffnet, dass sie Krebs habe. Seit damals ist ihr Leben ein einziger langer, schmerzlicher Versuch gewesen, die Krankheit zu bekämpfen und die vielen medizinischen Behandlungen zu überstehen. Die Mediziner versuchten mit drei großen Operationen und etlichen chemotherapeutischen Behandlungen, den Krebs zu entfernen und Marinas Leben zu verlängern.

Mein Bruder Paul tat alles nur Erdenkliche, um seiner Frau Hoffnung zu machen, dass die Aussicht bestehe, den Feind zu besiegen. Aber schließlich mussten er und viele andere mit ihm einsehen, dass die Schlacht verloren war. Während ich diese Zeilen schreibe, bereitet sich Marina auf ihr Sterben vor.

Im Lauf der letzten paar Jahre hatte ich wiederholt die Gelegenheit, mit Marina über ihre Krankheit und sogar über ihr Sterben zu sprechen. Marina ist eine sehr starke, nüchterne Frau. Sie nennt die Dinge beim Namen und hält nicht viel von Leuten, die sie beschwichtigen oder trösten wollen, indem sie die Dinge verharmlosen oder schwindeln. Sie legte immer Wert darauf, sich im Kampf gegen ihren Krebs ganz auf die Ärzte und Schwestern einzustellen und mit ihnen zusammenzuarbeiten, und sie wollte nicht, dass etwas beschlossen würde, worüber sie nicht voll ins Bild gesetzt war. Geistlichen Beistand aus religiösen Überzeugungen, die sie nicht teilte, lehnte sie ab. Sie stellte meine spirituellen Ansichten oft in Frage und hatte ihre ganz eigenen Vorstellungen über ihr Leben und Sterben und über dasjenige anderer Menschen.

Im Lauf der Zeit, als sich ihre Krankheit verschlimmerte, bediente sich Marina in zunehmendem Maß der Malerei und der Poesie, um ihre Empfindungen zum Ausdruck zu bringen. Zunächst betrieb sie das nebenbei als Hobby, aber immer mehr wurde das ihr wichtigster Lebensinhalt. Je schwächer sie physisch wurde, desto kraftvoller, direkter und schnörkelloser wurde ihre künstlerische Ausdrucksform. Vor allem ihre Gedichte waren die unmittelbare Frucht ihres Ringens darum, sich mit dem Gedanken an das Sterben anzufreunden.

Marina hatte ein sehr aktives und produktives Leben geführt. Als Lehrer und Konrektorin einer Sprachschule hatte sie im Beruf großen persönlichen Erfolg gehabt und war sehr kreativ darin gewesen, neue Unterrichtsmethoden einzuführen. Aber ihre Krankheit hatte diese Laufbahn grausam abgebrochen und sie gezwungen, ganz aus der Welt der Schule auszusteigen, die ihr so viel bedeutete.

Mit ihrer Krankheit wurde ihre Kunst zu ihrem neuen Lebenselixier. Oft wenn ich bei ihr war, trug sie mir auswendig einige ihrer Gedichte vor und fragte mich, was ich davon hielte. Viele waren spielerisch und enthielten humorvolle Wendungen, aber aus allen sprach ihr zunehmendes Bewusstsein, dass sie jeden

Tag etwas mehr loslassen musste und in einen Lebensabschnitt eingetreten war, in dem es immer mehr Abschiede zu nehmen galt.

Als ich sah, wie Marina sich derart auf ihr Sterben einstellte, ging mir nach und nach auf, dass sie dieses Sterben immer mehr zu einer wertvollen Gabe an die anderen umformte. Das tat sie nicht nur für meinen Bruder Paul und nicht nur für ihre Familienangehörigen und Freunde, sondern auch für die Schwestern und Ärzte und die zahlreichen Menschen, mit denen sie sich unterhielt und denen sie ihre Gedichte zeigte. Ihr Leben lang war sie Lehrerin gewesen, und jetzt bot sie uns allen durch die Art, wie sie sich auf ihr Sterben vorbereitete, eine Lehre. Mich überkam es plötzlich, dass ihre Erfolge und Errungenschaften wahrscheinlich bald in Vergessenheit geraten werden; was uns vermutlich nachhaltiger in Erinnerung bleiben wird, ist die Frucht ihres Sterbens. Ihr Ehe ist zwar kinderlos geblieben, zwar hat sie sich zu Lebzeiten oft gefragt, welchen originellen Beitrag sie für unsere Gesellschaft leisten könnte; jedoch könnte es sich sehr wohl herausstellen, dass ihre letzten fünf Lebensjahre zu den fruchtbarsten für uns alle gehören. Die Freude, Mutter zu werden, ist ihr zwar versagt geblieben, aber durch die Art, wie sie auf ihren Tod hin gelebt hat, hat sie in vielen Menschen eine neue Art Leben geweckt. Sie hat mir auf ganz neue Weise gezeigt, was das bedeutet, für andere zu sterben. Es bedeutet, für die kommenden Generationen eine Art Elternschaft auszuüben.

Wenige Worte Jesu haben mich persönlich so betroffen wie seine Worte über seinen baldigen Tod. Zu seinen nächsten Freunden spricht er schonungslos direkt von seinem Ende. Ihm ist zwar durchaus bewusst, wie viel Leid und Trauer das mit sich bringen wird, aber dennoch kündet er seinen Tod als etwas Gutes an, als ein Ereignis, das voller Segen, Verheißung und Hoffnung ist. Kurz vor seinem Tod sagt er: »Jetzt aber gehe ich zu dem, der mich gesandt hat, und keiner von euch fragt mich: Wohin gehst du? Sondern weil ich euch das gesagt habe, hat die Traurigkeit euer Herz erfüllt. Aber ich sage euch die Wahrheit: Es ist gut für euch, dass ich weggehe. Denn wenn ich nicht weggehe, wird der Beistand nicht zu euch kommen. Wenn ich aber weggehe, werde ich ihn zu euch senden ... Noch vieles habe ich euch zu sagen, aber ihr könnt es jetzt noch nicht tragen. Wenn aber jener kommt, der Geist der Wahrheit, wird er euch zur vollen Wahrheit führen. Denn er wird nicht von sich selbst aus reden, sondern er wird reden, was er hört, und das Kommende wird er euch verkünden« (Johannes 16,5–7.12–13).

Auf den ersten Blick mögen diese Worte seltsam und ungewohnt erscheinen, und vor allem weit weg von unserem tagtäglichen Kampf mit dem Leben und dem Tod; aber nach meinen Gesprächen mit Marina und mit vielen anderen Freunden, die kurz vor dem Sterben waren, treffen mich die Worte Jesu ganz neu und offenbaren mir ganz deutlich die Erfahrung, aus der heraus sie gesprochen sind. Wir neigen womöglich dazu, die Art, wie Jesus sich und seine Freunde auf seinen Tod vorbereitet hat, als völlig einmalig zu betrachten, als fern unserer »normalen« menschlichen Art. Aber in Wirklichkeit bietet uns Jesu Art, auf das Sterben zuzugehen, ein sehr hoffnungsträchtiges Beispiel.

Auch wir können zu unseren Freunden sagen: »Es ist zu eurem Besten, wenn ich gehe ... Denn wenn ich gehe, kann ich euch den Geist senden, und der Geist wird euch verkünden, was kommen wird.« Will nicht Marina im Grunde genommen das sagen, wenn sie Gedichte verfasst und Bilder malt, die ihren Freunden bei der Trauer über ihren Tod neues Leben schenken werden? Ist »den Geist senden« nicht der beste Ausdruck dafür, dass man seine Lieben nicht verlassen, sondern mit ihnen auf neue Weise zutiefst verbunden sein will, mit einer Bindung, die tiefer geht als diejenige zu Lebzeiten? Heißt »für andere sterben« nicht, sterben, damit die anderen für ihr Weiterleben mit dem Geist unserer Liebe gestärkt werden?

Vielleicht wenden Sie ein: »Jesus, der einzige Sohn des Vaters, hat uns seinen Heiligen Geist gesandt, ... aber wir sind nicht Jesus, wir haben keinen Heiligen Geist zu senden!« Doch wenn wir ganz genau auf Jesus hören, erkennen wir, dass wir dazu berufen sind, wie er zu leben, wie er zu sterben und wie er aufzuerstehen, weil der Heilige Geist, die Liebe Gottes, die Jesus mit dem Vater eins sein lässt, auch uns gegeben ist. Und so soll nicht nur der Tod Jesu, sondern auch unser Tod anderen zum Segen gereichen. Ja mehr noch: nicht nur der Tod Jesu, sondern auch unser Tod wird allen, die wir zurücklassen, den Geist Gottes erschließen. Ja, das große Geheimnis besteht darin, dass alle Menschen, die mit und aus dem Geist Gottes gelebt haben, durch ihren Tod an seinem Aussenden des Heiligen Geistes teilhaben. So wird uns weiterhin Gottes Geist der Liebe gesandt, und er offenbart uns, wie der Tod Jesu weiterhin Frucht bringt durch den Tod all der Menschen, deren Tod wie der seine ein Tod für andere ist.

Auf diese Weise wird das Sterben zu einer Möglichkeit, auf unvergängliche Weise Frucht zu bringen. Wir rühren hier an den hoffnungsvollsten Aspekt unseres Todes. Unser Tod mag der Schlusspunkt hinter unseren Erfolgen, unserer Produktivität, unserer Bekanntheit und unserer Bedeutung unter den Menschen sein, aber er ist nicht der Schlusspunkt unseres Fruchtbarwerdens. Das Gegenteil ist wahr: die Fruchtbarkeit unseres Lebens erweist sich erst voll nach unserem Tod. Wir selbst sehen oder erfahren nur recht selten, dass unser Leben und Wirken fruchtbar ist. Oft sind wir zu sehr auf das fixiert, was wir zustande bringen und haben kein Auge für die Fruchtbarkeit unseres Lebens an sich. Aber das Schöne am Leben ist, dass es noch lange nach seinem Ende fruchtbar weiterwirkt. Jesus sagt: »Amen, Amen, ich sage euch: Wenn das Weizenkorn nicht in die Erde fällt und stirbt, bleibt es allein. Wenn es aber stirbt, bringt es viele Frucht« (Johannes 12,24).

Eltern der kommenden Generationen

Darin liegt das Geheimnis des Todes Jesu und des Todes aller Menschen, die in seinem Geist gelebt haben. Ihr Leben bringt weit über die Grenzen ihrer kurzen und räumlich oft sehr begrenzten Existenz hinaus Frucht. Noch Jahre nach ihrem Tod bringt meine Mutter immer noch Frucht in meinem Leben. Ich bin mir zutiefst dessen bewusst, dass viele meiner tief greifenden Entscheidungen seit ihrem Tod vom Geist Jesu inspiriert waren, den sie mir weiterhin sendet.

Jesus hat nicht einmal vierzig Jahre lang gelebt; er ist nie außer Landes gereist; die Menschen, die ihn zu Lebzeiten gekannt haben, haben ihn kaum richtig begriffen; und als er starb, hielten nur einige wenige Jünger treu zu ihm. Sein Leben war in jeder Hinsicht ein Fehlschlag. Der Erfolg hatte ihn verlassen, seine Beliebtheit war geschwunden, seine Macht war vorbei. Und doch sind wenige Leben derart fruchtbar gewesen; wenige Leben haben das Denken und Empfinden der Menschen derart entscheidend beeinflusst; wenige Leben haben so nachhaltig kommende Kulturen geprägt, und wenige Leben haben sich so radikal auf die Grundmuster der mitmenschlichen Beziehungen ausgewirkt.

Jesus spricht ständig davon, dass sich die Fruchtbarkeit seines Lebens erst nach seinem Tod erweisen wird. Oft sagt er ausdrücklich, dass seine Jünger das, was er sagt oder tut, nicht begreifen, aber dass sie ihn eines Tages verstehen werden. Als er die Füße des Petrus wäscht, sagt er: »Was ich tue, verstehst du jetzt nicht; aber später wirst du es begreifen« (Johannes 13,7). Und als er auf seinen Heimgang zu seinem Vater zu sprechen kommt, sagt er: »Das habe ich zu euch gesagt, während ich noch bei euch bin. Der Beistand aber, der Heilige Geist, den der Vater in meinem Namen senden wird, der wird euch alles lehren und euch an alles erinnern, was ich euch gesagt habe« (Johannes 14,25–26).

Der volle Sinn des Lebens Jesu offenbarte sich erst nach seinem Tod. Gilt nicht dasselbe auch für viele der großen Männer und Frauen der Weltgeschichte? Oft erweist sich die volle Bedeutung ihres Lebens erst ganz, wenn sie schon lange gestorben sind. Manche von ihnen waren zu ihren Lebzeiten kaum bekannt, und manche waren wegen ganz anderer Dinge bekannt als derjenigen, um derentwillen sie nach ihrem Tod so bedeutend wurden. Manche von ihnen hatten im Leben Erfolg und waren berühmt, andere erfuhren unablässig Misserfolge und Ablehnung. Aber alle wirklich großen Männer und Frauen, die unser Denken und Handeln nachhaltig beeinflusst haben, haben eine Frucht gebracht, die sie selbst nicht sehen oder auch nur voraussagen konnten.

Dafür gibt es viele anschauliche Beispiele. Ich möchte hier nur kurz dasjenige des Bruder Lorenz vorstellen. Dieser einfache Laienbruder lebte in einem Studienhaus der französischen Karmeliten von 1614 bis 1691 als Koch und Schuster. Nach seinem Tod wurden seine Briefe und Betrachtungen über den »Wandel in

Gottes Gegenwart« veröffentlicht, und noch heute prägen sie das geistliche Leben vieler Menschen. Sein Leben war ziemlich unauffällig, aber äußerst fruchtbar. Bruder Lorenz selbst hatte nie die Absicht, das Leben anderer Menschen groß beeinflussen zu wollen. Er wollte nur eines; alles, was er tat, vor allem seine Küchenarbeit, in der Gegenwart Gottes verrichten.

Worum es mir hier geht, ist, zu zeigen, dass die eigentliche Frage vor unserem Sterben nicht lautet: »Wie viel kann ich noch zustande bringen?« oder: »Wie viel Einfluss kann ich noch ausüben?«, sondern: »Wie kann ich so leben, dass ich auch dann, wenn ich nicht mehr hier unter meinen Verwandten und Freunden bin, weiterhin fruchtbar sein kann?« Diese Frage verlegt unsere Aufmerksamkeit vom *Tun* auf das *Sein*. Unser Tun bewirkt Erfolg, unser Sein bringt Frucht. Merkwürdigerweise ist es in unserem Leben so, dass wir uns vor allem den Kopf darüber zerbrechen, was wir tun oder noch tun können, während man sich an uns wahrscheinlich vor allem unter dem Gesichtspunkt erinnern wird, wer und wie wir gewesen sind. Wenn das, was unser Leben geprägt hat, der Heilige Geist gewesen ist, der Geist der Liebe, der Freude, des Friedens, der Güte, des Verzeihens, des Mutes, der Ausdauer, der Hoffnung und des Glaubens, dann wird dieser Geist nicht sterben, sondern Generation um Generation weiterwirken.

Wenn ich über Marinas und über mein eigenes Sterben nachdenke, geht mir auf, was für eine große

Herausforderung das Leben darstellt. Während die Gesellschaft, in der ich lebe, unablässig nach den greifbaren Erträgen meines Lebens fragt, muss ich nach und nach lernen, darauf zu vertrauen, dass, mögen nun die Leistungen meines Lebens bedeutsam sein oder nicht, in Wirklichkeit nur die Früchte zählen, die es bringt. Je älter und schwächer ich werde, desto weniger werde ich *tun* können. Mein Leib und mein Geist werden nachlassen. Ich werde meine Augen näher an das Buch halten müssen, das ich lesen will und meine Ohren näher an den Mitmenschen, den ich verstehen will. Mein Gedächtnis wird nachlassen und ich werde immer wieder die gleichen humorvoll gemeinten Sprüche klopfen, und meine schwindende Fähigkeit zu kritischem Nachdenken wird mich zu einem immer weniger interessanten Gesprächspartner machen. Trotz alledem erfüllt mich das Vertrauen, dass sich in meiner Schwachheit Gottes Heiliger Geist offenbaren wird und dass der Geist Gottes von meinem immer schwächer werdenden Leib und Geist aus wehen wird, wohin er will, und Frucht bringen wird, wann er will.

So wird mein Tod tatsächlich zu einer Neugeburt werden. Etwas Neues wird dabei herauskommen, etwas, über das ich nicht viel sagen kann und worüber ich nicht viel weiß. Das geht über meinen eigenen Lebenslauf hinaus. Es ist etwas, das bleiben und von Generation zu Generation fortwirken wird. Auf diese Weise werde ich zum Vater, zum Vater der Zukunft.

Eltern der kommenden Generationen

Ich denke jeden Tag an meine aidskranken Freunde. Einige kenne ich persönlich, weil sie Freunde meiner Freunde sind, und viele kenne ich aus dem, was sie geschrieben haben oder über sie berichtet wird. Seit diese schreckliche Seuche eingesetzt hat, habe ich mich den vielen jungen Männern und Frauen, die mit Aids leben müssen, besonders verbunden gefühlt. Sie alle wissen, dass sie nicht mehr lange zu leben haben und dass sie ein schwieriges und oft qualvolles Sterben erwartet. Ich würde ihnen so gern helfen, bei ihnen sein, ihnen Mut und Trost zusprechen. Mich bewegt zutiefst die tragische Situation, dass sie voll Verzweiflung Umarmung und Zärtlichkeit gesucht und stattdessen Krankheit und den Tod gefunden haben. Ich schreie zum Himmel. »Warum, o Gott, suchen die Menschen nach Einswerden und Nähe und finden dabei die Trennung und Angst? Warum verkommen so viele junge Menschen, die einfach nur geliebt werden wollen, in Krankenhäusern und einsamen Zimmern? Warum liegen Liebe und Tod so eng beieinander?« Vielleicht ist das »Warum?« gar nicht so wichtig. Wichtig sind die Männer und Frauen mit ihren wunderbaren Namen und einmaligen Gesichtern, die sich verzweifelt die Frage stellen, warum ihnen die Liebe, nach der sie sich gesehnt haben, nicht beschieden war. Ich fühle mich ihnen deshalb so nahe, weil mir ihr Schmerz gar nicht so fremd ist.

Auch ich möchte lieben und geliebt werden. Auch ich muss sterben. Auch ich kenne diese geheimnisvolle innere Verbindung zwischen der Sehnsucht meines Herzens nach Liebe und der Angst. In meinem Herzen möchte ich alle diese Menschen umarmen und gut zu ihnen sein, die aus Hunger nach Liebe sterben.

Habe ich ihnen irgendetwas zu sagen? Unlängst las ich Paul Monettes tief erschütterndes Buch »Borrowed Time«. Er beschreibt darin bis in schmerzliche Einzelheiten seinen Kampf gegen die Aids-Krankheit seines Freundes George Horowitz. Das ganze Buch ist wie eine einzige Kriegserklärung: »Wir werden den Feind schlagen. Wir lassen uns nicht von dieser üblen Macht unser Leben zerstören.« Sie lassen sich auf einen heroischen Kampf ein, bei dem sie kein Mittel zum Überleben unversucht lassen. Aber es ist ein verlorener Krieg. George stirbt, und Paul bleibt allein zurück. Ist der Tod also schließlich doch stärker als die Liebe? Stehen wir letzten Endes alle als Verlierer da? Ist unser ganzer Überlebenskampf letztendlich ein törichter Kampf, so töricht wie der Kampf des Fuchses, der sein eigenes Bein abbeißt, um aus der Falle zu entrinnen?

Viele müssen so empfinden. Nur ihre tief eingewurzelte Achtung vor sich selbst als Menschen angesichts der unbesiegbaren Macht des Todes hält sie aufrecht, um in Ehren weiterzukämpfen. Ich bewundere aufrichtig, mit welcher Tapferkeit Paul und George ihre verzweifelte Schlacht geschlagen haben. Aber nachdem ich mein Leben lang viel über den Tod Jesu und vieler seiner Nachfolger nachgedacht habe, neige ich zum Glauben, dass es jenseits des verzweifelten

Kampfes ums Überleben einen hoffnungsvollen Kampf um das Leben gibt. Ich möchte glauben – nein, ich glaube –, dass letzten Endes die Liebe stärker als der Tod ist. Ich kann dafür kein Argument ins Feld führen. Ich kann nur auf die Geschichte Jesu und auf die Geschichten all derer verweisen, die auf die Leben spendende Wahrheit seines Lebens und Wortes vertrauen. Diese Geschichten zeigen mir eine neue Art zu leben und eine neue Art zu sterben, und mich erfüllt zutiefst die Sehnsucht, anderen diese Art zu zeigen.

Als ich Rick in *Bethany House* besuchte, dem Heim der *Catholic Workers* für Aidskranke in Oakland in Kalifornien, wollte ich ihm etwas geben, was Paul dem George nicht hatte mitteilen können. Nach Pauls Erfahrung hatten die Kirchen aidskranken Menschen nichts zu sagen, was für sie von Belang gewesen wäre. Im Gegenteil, er war der Überzeugung, die Kirchen heuchelten nur und bevormundeten und verachteten die Leute. Er fand in der griechischen Mythologie mehr Trost als in der Geschichte des Christus.

Aber als ich Ricks Hand hielt und in sein tränenüberströmtes Gesicht schaute, hatte ich ganz tief das Gefühl, dass die kurze Zeit, die ihm noch zu leben blieb, für mehr gut sein könnte als für den tapferen, aber aussichtslosen Kampf ums Überleben. Ich wollte ihn wissen und glauben lassen, dass der Sinn der ihm noch verbleibenden Zeit nicht darin lag, was er noch tun konnte, sondern in der Frucht, die er bringen konnte, wenn es mit allem Tunkönnen aus war. Rick sagte, als ich bei ihm war: »Meine Freunde haben alle noch eine Zukunft vor sich. Ich kann nur noch auf den Tod warten.«

Ich wusste nicht, was ich darauf sagen sollte, und ich wusste auch, dass ihm mit vielen Worten kaum geholfen war. Stattdessen nahm ich seine Hand in die meine und legte ihm die andere Hand auf die Stirn. Ich schaute in seine tränenerfüllten Augen und sagte: »Rick, hab keine Angst, hab keine Angst. Gott ist ganz nah bei dir, näher als ich es bin. Bitte glaub daran: die Zeit, die du jetzt noch hast, ist die wichtigste Zeit deines Lebens, nicht bloß für dich, sondern für uns alle, die dich gern haben und die du gern hast.«

Als ich das sagte, spürte ich, wie sich sein Körper entspannte, und durch seine Tränen hindurch strahlte ein Lächeln. Er sagte: »Danke, Danke.« Dann streckte er die Arme nach mir aus, zog mich ganz nah zu sich her und flüsterte mir ins Ohr: »Ich möchte dir's ja glauben. Wirklich. Aber das ist so schwer.«

Wenn ich an Rick und an die vielen jungen Menschen denke, die wie er sterben, bäumt sich in mir alles auf und protestiert. Aber ich weiß, es ist falsch, von ihnen zu denken, das seien Menschen, die in einer verlorenen Schlacht kämpfen. Mit aller Glaubenskraft, die ich aufbringen kann, glaube ich, dass auch ihr Sterben Frucht bringt und dass auch sie in Wirklichkeit berufen sind, die Eltern der kommenden Generationen zu sein.

Wenn Mutters Sterbenskampf und Tod wirklich ein Hinsterben mit Christus waren, darf ich dann nicht hoffen, dass sie ebenso an der Sendung des Geistes teilhat? Je tiefer ich mich in meinen Schmerz versenkte, desto mehr wurde mir bewusst, dass etwas Neues geboren wurde, etwas, das mir vorher unbekannt war. Ich begann mich zu fragen, ob Jesus seinen Geist nicht immer sendet, wenn jemand uns verlässt, mit dem wir in Liebe verbunden sind.

Mutter zu vergessen hieße, es ihr zu verbieten, mir den Geist zu senden, es ihr nicht zu erlauben, mich auf eine neue Ebene der Einsicht und des Verstehens hochzuheben. Ich begann die Kraft der Worte Jesu zu spüren: »Es ist gut für euch, dass ich weggehe. Denn wenn ich nicht weggehe, wird der Beistand nicht zu euch kommen. Wenn ich aber weggehe, werde ich ihn zu euch senden ... Wenn aber jener kommt, der Geist der Wahrheit, wird er euch zur vollen Wahrheit führen« (Johannes 16,7.13).

Gereicht es zum Guten, dass Jesus starb, dass meine Freunde und Verwandten starben, dass meine Mutter starb? Bin ich in der Lage, mit meinem ganzen Wesen zu bezeugen, dass der Tod in und durch Christus der Weg geworden ist, auf dem der Geist zu uns kommt? Muss ich trauern und mich grämen, um bereit zu sein, den Geist zu empfangen, wenn er kommt?

Solche Fragen stellten sich mir sehr deutlich während dieser verwirrenden Wochen nach Mutters Tod. Ich sagte mir: »Dies ist die Zeit, auf den Geist der Wahrheit, der kommen wird, zu warten, und wehe mir!, wenn ich sie davon abhalte, Gottes Werk an mir zu tun, indem ich sie vergesse.« Ich spürte, dass viel mehr auf dem Spiel stand als ein kindlicher Akt der Erinnerung, viel mehr, als meine Mutter zu ehren, viel mehr, als ihrem wunderbaren Beispiel zu folgen. Genau gesagt, es war das Leben des Geistes in mir, das auf dem Spiele stand. Sich an sie erinnern bedeutet nicht, meinen Freunden immer und immer wieder von ihr zu erzählen, und heißt auch nicht, Bilder an der Wand oder auf ihrem Grabstein anzubringen; es bedeutet nicht einmal, dauernd an sie zu denken. Nein. Es bedeutet, sie zu einem Teil von Gottes fortwährendem Erlösungswerk werden zu lassen, indem ich es ihr erlaube, ein kleines bisschen der Dunkelheit in mir zu vertreiben und mich ein wenig näher zum Licht zu führen. In diesen Wochen der Trauer starb sie in mir Tag für Tag mehr und machte es mir unmöglich, mich an sie als meine Mutter zu klammern. Aber indem ich sie losließ, verlor ich sie dennoch nicht. Ich erkannte vielmehr, dass sie mir näher ist als je zuvor. In und durch den Geist Christi wird sie wirklich zu einem Teil meines innersten Wesens.

6. Der Tod ist etwas, das zu uns gehört

Die geistliche Aufgabe, uns mit unserem Sterben anzufreunden, begleitet uns unser Leben lang; sie wirkt sich in vielfältiger Hinsicht auf unser gesamtes Leben aus, darunter auch auf unsere Beziehungen zu unseren Mitmenschen. Jeder Schritt, der uns einem tieferen Verständnis unserer selbst näher bringt, bringt uns gleichzeitig auch denjenigen näher, mit denen wir unser Leben teilen. Wenn wir im Lauf der Zeit mit der Wahrheit leben lernen, dass der Tod seinen »Stachel« verloren hat, entdecken wir in uns die Gabe, andere dazu hinzuführen, ebenfalls diese Wahrheit zu entdecken. Dabei gibt es kein »zuerst« und »erst dann«. Die Kunst, uns selbst mit unserem Sterben anzufreunden und die Kunst, anderen dabei zu helfen, greifen ineinander. Beide gehören zusammen und bedingen sich wechselseitig. Für den Geist Gottes gehören das eigene Leben und die Sorge um andere zusammen. Unsere Gesellschaft allerdings redet uns dauernd ein, die Sorge um andere sei etwas ganz anderes als das eigene Leben. Für die Sorge um andere seien an erster Stelle die professionellen Helfer zuständig, die dafür eine besondere Ausbildung erhalten haben. Diese Ausbildung mag zwar wichtig sein, und gewiss brauchen manche Leute eine spezielle Ausbildung, um ihre Berufsarbeit kompetent verrichten zu können – aber grundsätzlich ist die Sorge um den Mitmenschen das Privileg jedes Menschen und gehört zum Kern unseres Menschseins.

Das Wort »professionell« ist vom lateinischen Verb »pro-fiteri« abgeleitet, und das bedeutet: sich zu etwas bekennen. »Professoren« und »Professionelle« sind also im ursprünglichen Sinn des Wortes Menschen, die sich zu ihrer eigenen tiefsten Überzeugung und Fähigkeit bekennen, also aus ihr keinen Hehl machen. Das deutet darauf hin, dass ursprünglich das Leben und das, was man tut, spirituell als Einheit gedacht waren. In der Sorge umeinander sollten wir alle »Profis« werden, weil sie zum Menschsein und damit zum Leben gehört.

7. Die Frucht unseres Lebens

Ich war gerade in der Karwoche bei Bekannten im Stadtzentrum von Toronto beim Essen, als ich telefonisch benachrichtigt wurde, dass Connie Ellis, seit sechs Jahren meine Sekretärin und gute Freundin, plötzlich schwer krank geworden und ins Hospital eingeliefert worden sei. Bis in den späten Nachmittag hatte sie anstrengend gearbeitet, um einen Text fertig zu stellen, den ich dringend brauchte, um ihn nach Ostern nach Europa mitnehmen zu können. Sie war sehr müde heimgekommen und war plötzlich von Schwindel- und Angstgefühlen überfallen worden. Glücklicherweise konnte sie gerade noch ihre Schwiegertochter Carmen anrufen. Als Carmen Connies schleppende und kaum noch verständliche Sätze hörte, machte sie sich große Sorgen und fuhr schleunigst zu ihr in die Wohnung.

Am nächsten Tag ergaben die Untersuchungen, dass Connie infolge eines großen Gehirntumors einen Hirnschlag erlitten hatte. Am Karfreitag wurde sie einer schweren Operation unterzogen. Obwohl die Operation »erfolgreich« verlief, blieb sie danach linksseitig gelähmt, konnte nicht mehr selbst gehen und musste stets aufpassen, nicht umzufallen. Nach einer langwierigen Strahlenbehandlung sagten ihr die Ärzte, der Krebs sei zurückgedrängt. Aber sie blieb sehr gebrechlich und hatte nicht viel Aussicht, jemals wieder in normale Verfassung zu kommen.

Von einem Tag auf den anderen war eine starke, gesunde, aktive und sehr erfolgreiche Frau völlig von ihren Familienangehörigen und Freunden abhängig geworden. Für mich war es sehr schmerzlich, mit ansehen zu müssen, wie meine gute Freundin und Mitarbeiterin plötzlich jegliche Fähigkeit verlor, vielseitig tätig zu sein und vielen Menschen zu helfen. Aber mich ermutigte auch sehr die Beobachtung, dass sie trotz dieser radikalen Änderung ihrer Lebensumstände nicht ihr Vertrauen und ihre Liebenswürdigkeit verlor. Oft sagte sie zu mir: »Ich fühle mich innerlich ganz im Frieden. Ich bin sicher, dass Gott für mich ein Wunder wirken wird. Und wenn nicht, dann bin ich zum Sterben bereit. Ich habe ein wunderschönes Leben gehabt.«

Jahrelang war Connie für ihre große Vitalität bekannt gewesen, für ihre Kompetenz und ihre Fähigkeit, in sehr kurzer Zeit sehr viel zu leisten. Mir war sie zur rechten und zur linken Hand zugleich geworden. Sie kannte alle Leute, die in mein Büro kamen, mich anriefen oder mir schrieben, und zu vielen unterhielt sie selbst eine herzliche Beziehung. Zahllose Menschen, die in den sechs Jahren unserer Zusammenarbeit ihre Hilfe, Unterstützung und guten Ratschläge erfahren hatten, hatten sie schätzen und lieben gelernt. Ihr Dienst war genauso wichtig wie der meine geworden. Und dann war mit einem Schlag alles vorbei. Sie, die immer darauf aus gewesen war, anderen zu helfen, war nun selbst auf die Hilfe anderer angewiesen. Und dieser radikale Umschwung war über Nacht erfolgt.

Wenn ich über dieses dramatische Ereignis im Leben von Connie nachdenke und mir vor Augen halte, dass sie im Grunde nur eine von zahlreichen Menschen ist, denen ganz Ähnliches widerfährt, stelle ich mir die Frage, welchen Sinn man darin sehen kann. Wir Menschenwesen können nicht ohne Sinn leben. Bei allem, was uns begegnet, fragen wir immer wieder: »Warum passiert das gerade mir? Was für einen Sinn hat das?«

Ein guter Teil ihres Lebenssinns ergab sich für Connie aus der Beziehung zu ihren beiden Söhnen John und Steve und ihren Familien. Vor allem ihre enge Freundschaft mit Steves Frau Carmen und ihren beiden Enkeln Charles und Sarah brachte viel Freude und Erfüllung in ihr Leben. Besonders gern fuhr sie Charles zu seinen Eishockeyspielen und feuerte dann seine Mannschaft von den Zuschauerrängen aus an. Ich konnte mich in ihrer Gegenwart über jedweden kritisch auslassen, außer über »Carmen und die Kids«. Sie waren schlicht über jegliche Kritik erhaben! Viel Sinn ergab sich für sie auch aus ihrer Arbeit im Büro. Bis in die letzte Minute ihres Arbeitslebens erfüllte Connie ungeheuer gern, was ihr aufgetragen war, und sie tat es mit nie erlahmender Hingabe. Ich weiß, wie stolz sie auf ihre Leistung war, sämtliche Interviews umgeschrieben zu haben, die ich mit den fünf Trapezkünstlern im Zirkus geführt hatte. Sie unterstützte mich begeistert in meinem »verrückten« Vorhaben, ein Buch über sie zu schreiben und wollte ganz sicher sein, dass ich über alle notwendigen Texte verfügte, ehe ich zu weiteren Interviews nach Deutschland zurückkehrte. Unsere gemeinsame Arbeit in ihrer ganzen Vielfalt und zuweilen Hektik erfüllte ihr Leben mit sehr viel Sinn. Aber wenigen war bewusst, dass sie bereits über siebzig Jahre alt war und gelegentlich gegen starke Ermüdungserscheinungen anzukämpfen hatte.

Als sich schlagartig alles änderte, stellte sich ihr mit voller Wucht wieder die Frage nach dem Sinn. Eine Zeit lang richtete sich ihre Aufmerksamkeit darauf, wieder gesund zu werden und vieles wieder tun zu können. »Wenn ich erst wieder Auto fahren kann«, konnte Connie sagen, »bin ich nicht mehr so von John, Steve, Carmen und den Kids abhängig und kann mir wieder selbst helfen.« Aber nach und nach sah sie ein, dass das wahrscheinlich nie mehr gehen würde. Wahrscheinlich würde sie für den Rest ihres Lebens auf andere angewiesen sein.

Wenn man sich um Connie und die vielen anderen kümmert, die keine Aussicht mehr haben, noch einmal wieder ihre Arbeit aufnehmen und für ihre Familie und ihre Freunde da sein zu können, heißt das, dass man mit ihnen nach einem neuen Sinn für ihr Leben sucht. Dieser neue Sinn kann nicht mehr aus dem abgeleitet werden, was sie noch alles tun können. Er muss sich auf irgendeine Weise aus den »passiven Zuständen« des Wartens ergeben.

Auch das Leben Jesu bewegte sich aus der Aktion in die Passion. Einige Jahre lang war er äußerst aktiv: er

Die Frucht unseres Lebens

predigte, lehrte und half vielen Menschen, war unablässig von großen Scharen umgeben und wanderte ständig von Ort zu Ort. Aber nach seinem letzten Abendmahl mit seinen Jüngern wurde er im Garten Getsemani den Händen derer ausgeliefert, die ihn und seine Worte ablehnten. Er wurde in die Passion gestoßen. Von diesem Augenblick an ergriff Jesus keine Initiativen mehr. Er tat nichts mehr von sich aus. Alles weitere wurde ihm angetan. Er wurde verhaftet, ins Gefängnis geworfen, verspottet, gefoltert, verurteilt und ans Kreuz geschlagen. Jegliche Aktion war vorbei, alles war zur Passion geworden. Das Geheimnis des Lebens Jesu besteht darin, dass er seine Berufung nicht durch seine Aktion, sondern durch seine Passion erfüllt hat, also dadurch, dass er zum Objekt der Aktionen anderer Leute wurde. Als er schließlich sagte: »Es ist vollbracht« (Johannes 19,30), meinte er damit nicht nur: »Alles, was ich tun musste, ist getan«, sondern auch: »Alles, was mir angetan werden musste, ist getan«. Jesus hat seine Sendung auf Erden durch seine Passion vollendet, also dadurch, dass er das passive Objekt dessen wurde, was andere ihm antaten.

Auch wir sind dazu berufen, das zu leben, was Jesus uns vorgelebt hat. Auch unser Leben findet seine Vollendung in der Passion, wenn wir es im Geist Jesu leben. Jesus sagt das ganz eindeutig in seinem Wort an Petrus: »Als du jung warst, hast du dich selbst gegürtet und bist gegangen, wohin du wolltest. Wenn du aber alt geworden bist, wirst du deine Hände ausstrecken, und ein anderer wird dich gürten und dich führen, wohin du nicht willst« (Johannes 21,18). Auch wir müssen uns aus der Aktion in die Passion begeben, müssen darauf verzichten, alles selbst im Griff zu behalten, müssen stattdessen abhängig werden, können nicht mehr Initiativen ergreifen, sondern nur noch warten, müssen uns vom Leben umgewöhnen aufs Sterben.

Diese Kehre scheint schmerzlich und geradezu unmöglich zu sein, aber gerade in dieser Kehre liegt die eigentliche Fruchtbarkeit unseres Lebens beschlossen. Unsere aktiven Jahre sind Jahre des Erfolgs, in denen wir etwas zustande bringen. Während dieser Jahre schaffen wir Dinge, auf die wir stolz sein können. Aber ein Großteil dieses Erfolgs und dieser Leistungen liegt schon bald hinter uns. Vielleicht können wir ihn noch in Form von Trophäen, Medaillen oder Kunstwerken vorweisen. Aber was bleibt von unserem Erfolg und unserer Produktivität übrig? Unsere wirkliche und bleibende Fruchtbarkeit ergibt sich aus unserer Passion. So wie der Boden nur Frucht bringen kann, wenn er vom Pflug umgebrochen wird, so kann auch unser Leben nur fruchtbar sein, wenn es durch Passion aufgebrochen worden ist, das heißt: durch Leiden. Das Leiden besteht darin, dass wir uns der Aktion anderer unterwerfen, über die wir keinerlei Kontrolle haben. Das Sterben hat immer mit Leiden zu tun, denn das Sterben versetzt uns immer in die Lage, dass andere uns antun, was sie wollen und wie sie es wollen – Gutes oder Böses.

Es ist nicht einfach, das Vertrauen aufzubringen, dass unser Leben seine eigentliche Frucht durch Passion, durch Leiden bringt, denn weithin erfahren wir das Abhängigsein so, dass wir unnütz und für andere eine Last sind. Für uns ist Leiden mit Unbehagen, Müdigkeit, Verwirrung, Desorientierung und Schmerzen verbunden, und es ist schwer einzusehen, was für eine Frucht sich aus solcher Schwäche und Verwundbarkeit ergeben soll. Was wir sehen, ist ein Leib und ein Geist, der in Stücke zerbrochen ist von dem Pflug, den andere in Händen halten.

Es bedarf eines gewaltigen Sprungs im Glauben, um annehmen zu können, dass sich unser Leben in der Passion fruchtbar vollendet. Alles, was wir selbst sehen oder spüren und auch alles, was uns unsere Gesellschaft mittels ihrer Wertvorstellungen und Ideen vor Augen hält, deutet genau in die andere Richtung. Das, was zählt, ist der Erfolg, nicht die Fruchtbarkeit, und Erfolg stellt sich gewiss nicht durch passives Leiden ein. Aber Gottes Weg ist die Passion. Das hält er uns deutlich mit dem Kreuz Jesu vor Augen. Diesen Weg möchten wir um jeden Preis meiden, aber das ist der Weg zur Erlösung. Das ist der Grund dafür, weshalb es so wichtig ist, dass wir uns sorgfältig der Sterbenden annehmen. Bei dieser Sorge geht es ja genau darum, ihnen bei der ungeheuer schweren Wende beizustehen, sich von der Aktion zur Passion, vom Erfolg zum Fruchtbarwerden, von der Frage, was sie noch alles tun können, zum Loslassen und Hergeben ihres Lebens für andere zu bekehren. Die entscheidende Hilfe für die Sterbenden besteht darin, ihnen bei der Entdeckung zu helfen, dass in ihrer zunehmenden Schwäche immer mehr Gottes Kraft sichtbar wird. Das bekannte Wort des Apostels Paulus: »Was die Welt für schwach hält, hat Gott erwählt, um das Starke zu beschämen« (1 Korinther 1,27), nimmt hier einen neuen Sinn an, denn die Schwachen sind nicht nur die Armen, die Behinderten und die geistig Beschränkten, sondern auch die Sterbenden. Und jeder von uns gehört unweigerlich eines Tages dazu. Wir müssen darauf vertrauen, dass Gott auch in dieser Schwachheit das Starke zuschanden macht und unserem menschlichen Dasein seine eigentliche Fruchtbarkeit verleiht. Das ist das Geheimnis des Kreuzes. Am Kreuz wurde das Leben Jesu unendlich fruchtbar. An diesem Kreuz trafen sich äußerste Schwachheit und äußerste Stärke. An diesem Geheimnis können wir alle durch unseren Tod teilnehmen. Einander gut sterben helfen heißt, einander helfen, in unserer Schwachheit die Fruchtbarkeit zu finden. So setzt uns unser Sterben in den Stand, unser Kreuz in der Hoffnung zu umarmen, dass daraus neues Leben sprießen wird.

Diese Gedanken werden weithin sehr konkret, wenn wir jemandem begegnen, der sich auf sein bevorstehendes Sterben bewusst eingestellt hat.

Nach ihrer Gehirnoperation hatte Connie immer den doppelten Wunsch: einerseits nach »einem Wunder« – wie sie es nannte –, durch das sie völlig geheilt würde und wieder ihr gewohntes Leben und Tun aufnehmen könnte, und andererseits nach der Gnade, in Frieden sterben zu können, ohne ihren Kindern und Enkeln allzu große Trauer zu bescheren. Als es zunehmend klar wurde, dass eine völlige Heilung ziemlich unwahrscheinlich war, begann sie zunehmend an ihren Tod zu denken und davon zu sprechen, wie sie sich und ihre Familie darauf vorbereiten konnte.

Ich erinnere mich noch lebhaft daran, wie sie einmal zu mir sagte: »Ich habe keine Angst vor dem Sterben. Ich fühle mich in Gottes Liebe sicher aufgehoben. Ich weiß, du und viele andere beten jeden Tag für mich. Mir kann also gar nichts Schlimmes passieren. Aber ... ich mache mir um die Kinder Sorgen.« Und bei diesen Worten fing sie zu weinen an. Ich wusste, wie sehr sie an ihren Enkelkindern Charles und Sarah hing, und wie viele Gedanken sie sich darüber machte, dass sie ja richtig erzogen würden, glücklich seien und eine aussichtsreiche Zukunft vor sich hätten. Ich fragte sie: »Was meinst du damit?« Sie sagte: »Ich möchte nicht, dass die Kinder meinetwegen leiden. Ich möchte nicht, dass sie deprimiert und traurig werden, wenn sie mich sterben sehen. Sie haben mich immer als die starke Großmutter erlebt. Es ist für sie neu, dass ich eine gelähmte alte Frau bin, der wegen der Strahlentherapie die Haare ausfallen. Ich mache mir Sorgen, wenn ich in ihre Gesichter schaue und darin so viel Angst und Traurigkeit sehe. Ich möchte, dass sie glücklich sind, jetzt, und auch, wenn ich gegangen bin.«

Connie dachte nicht an sich selbst. Sie dachte zuerst an die andern. Sie wollte sicher sein, dass ich jemanden Zuverlässiges finde, der ihre Arbeit im Büro fortsetzen konnte. Sie wollte sicher sein, dass ihr Kranksein und Sterben keinen schmerzlichen Einschnitt im Leben ihrer Kinder und ihrer Familien bedeutete. Aber vor allem wollte sie, dass ihre Enkel Sarah und Charles glückliche Kinder bleiben sollten. Sie machte sich Sorgen darum, dass ihr Kranksein und Sterben das beeinträchtigen könnte.

Angesichts dieser Sorgen von Connie ging mir noch einmal deutlich auf, was für ein wunderbarer, großherziger, fürsorglicher Mensch sie ist. Sie macht sich zutiefst Sorgen um alle die Menschen, die Teil ihres Lebens sind. Deren Wohlbefinden ist ihr wichtiger als ihr eigenes. Sie sorgt sich mehr um die Arbeit, die Freuden und die Träume all dieser Menschen als um ihren eigenen Zustand. In unserer Gesellschaft, in der die meisten Menschen schrecklich ichbezogen leben, ist Connie wirklich ein ermutigender Sonnenstrahl.

Und dennoch wollte ich, dass Connie es fertig brächte, ihre Sorgen um die andern hinter sich zu lassen und einfach darauf zu vertrauen, dass ihre Liebe für ihre Familie und ihre Freunde schon die rechte Frucht bringen werde. Ich wollte ihr glauben helfen, dass es nicht nur darauf ankam, was sie getan hatte oder immer noch für die andern tun konnte, sondern auch – ja noch mehr – darauf, was sie aus ihrer Krankheit machte und wie sie damit lebte. Ich wollte ihr die

Die Frucht unseres Lebens

Augen dafür öffnen, dass sie jetzt, mit ihrem zunehmenden Angewiesensein, ihren Enkeln mehr geben konnte, als zu der Zeit, da sie sie mit dem Auto hatte durch die Gegend fahren und zur Schule, zum Einkaufen und auf den Sportplatz bringen können. Ich wollte ihr entdecken helfen, dass die Zeit, in der sie die andern braucht, genauso wichtig ist wie die Zeiten, in denen sie den andern zur Verfügung gestanden hatte. Tatsächlich bringt sie ihnen während ihrer Krankheit ganz Wesentliches bei. Sie sagt ihnen, wie dankbar sie für ihr Leben sei, dass sie auf Gott vertraue und dass sie auf ein Leben jenseits des Todes hoffe. Sie erweist ihnen spürbare Dankbarkeit für alle die kleinen Gefälligkeiten, die sie ihr erweisen. Sie hält ihre Tränen oder Ängste nicht vor ihnen verborgen, wenn sie jäh aufbrechen, aber immer wieder ringt sie sich schließlich zu einem Lächeln durch.

Ihre eigene Güte und Liebe kann sie weithin selbst gar nicht sehen. Aber ich und die vielen Menschen, die sie besuchen, sehen sie sehr wohl. Sie, die ein so langes und produktives Leben geführt hat, schenkt uns jetzt in ihrer zunehmenden Schwachheit etwas, was sie uns als starke Frau nicht hatte geben können: eine Ahnung der Wahrheit, dass die Liebe stärker ist als der Tod. Ihre Enkel werden die Frucht dieser Wahrheit in reichem Maß ernten.

In unserem Sterben werden wir zu Eltern der kommenden Generationen. Wie wahr ist das für viele heilige Menschen! Durch ihre Schwachheiten hindurch schenkten sie uns eine Ahnung der Gnade Gottes. Sie sind uns immer noch nah: der heilige Franz von Assisi, Martin Luther, John Henry Newman, Thérèse von Lisieux, Mahatma Gandhi, Thomas Merton, Johannes XXIII., Dag Hammarskjöld, Dorothy Day, und dazu die vielen anderen aus dem engeren Umkreis unserer Familie und Bekanntschaft. Unsere Gedanken und Gefühle, unsere Worte und Schriften, unsere Träume und Visionen gehören nicht nur uns selbst; sie gehören auch den vielen Männern und Frauen, die bereits gestorben sind und jetzt in uns leben. Ihrer aller Leben und Sterben trägt immer noch in unserem Leben Frucht. Ihre Freuden und Hoffnungen, ihr Mut, ihr Vertrauen und ihre Zuversicht sind nicht mit ihnen gestorben, sondern sprießen immer wieder neu auf in unseren und in den Herzen der vielen, mit denen wir in Liebe verbunden sind. Ja, sie senden uns unablässig den Geist Jesu und schenken uns die Kraft, dem Weg treu zu bleiben, den wir eingeschlagen haben.

Auch wir müssen uns darum kümmern, dass unser Sterben im Leben all derer fruchtbar wird, die nach uns leben werden. Ohne aufmerksame Sorge ist es allerdings schwierig, wenn nicht unmöglich, unser Leben für die kommenden Generationen fruchtbar werden zu lassen. Wo die Sorge und das Sich-Kümmern umeinander ausfallen, macht uns unsere Gesellschaft glauben, dass wir nur das sind, was wir haben, was wir tun oder was die Leute von uns halten. Für einen solchen Glauben stellt unser Tod in der Tat das Ende dar, denn wenn wir sterben, verfliegen rasch all unser Besitz, unser Erfolg und unsere Beliebtheit. Wenn wir uns nicht umeinander sorgen, vergessen wir, wer wir in Wirklichkeit sind, nämlich Kinder Gottes und Brüder und Schwestern füreinander – und dann sind wir nicht imstande, zu Eltern der kommenden Generationen zu werden. Aber als Gemeinschaft von Menschen, die füreinander sorgen und sich umeinander kümmern, können wir einander stets vor Augen halten, dass unser Leben weit über die paar Lebensjahre, die uns beschieden sind, fruchtbar sein kann. Als Gemeinschaft von Menschen, die einander beistehen, vertrauen wir darauf, dass die lange nach uns Lebenden immer noch die Früchte der Saat ernten werden, die wir in unserer Schwachheit ausgestreut haben, und dass sie sich davon immer wieder stärken können. Als Gemeinschaft von Menschen, die einander gegenseitig ermutigen und tragen, können wir einander den Geist Jesu senden. So werden wir zum Volk Gottes, das reiche Frucht bringt und Vergangenheit, Gegenwart und Zukunft umfasst und folglich zum Licht in der Finsternis wird.

Mutters Tod hat uns noch deutlicher und unmittelbarer mit der Frage nach dem Tod selbst konfrontiert. Die Frage über den Tod wird, wie auch immer, zumeist von einem gestellt, der selbst nicht im Sterben liegt. Du selbst hast mir dies zu verstehen gegeben, als Du daran erinnertest, wie viel Mutter über ihren Tod sprach, als gar keine eigentliche Gefahr bestand, und ihn kaum erwähnte, als sie dann wirklich im Sterben lag.

Es scheint tatsächlich wichtig zu sein, dem Tod ins Gesicht zu sehen, bevor wir in wirklicher Todesgefahr stehen, und wir müssen über unsere Sterblichkeit nachdenken, bevor sich unsere ganzen bewussten und unterbewussten Energien auf den Kampf ums Weiterleben richten. Es ist wichtig, auf den Tod vorbereitet zu sein, sehr wichtig; doch wenn wir erst dann nachzudenken beginnen, wenn wir bereits todkrank sind, können uns unsere Gedanken und Einsichten nicht mehr den nötigen Halt geben. Wir erfreuen uns augenblicklich einer guten Gesundheit. Wir denken über den Tod nach, über Mutters Tod und unseren eigenen, nicht weil wir im Sterben liegen, sondern weil wir uns stark genug fühlen, uns der Frage über die schwerwiegendste menschliche Gebrochenheit zu stellen.

Ich möchte die Herausforderung dieser Frage annehmen. Dies scheint wirklich die geeignete Zeit zu sein – nicht nur für Dich, auch für mich. Beide müssen wir uns fragen, was Mutters Tod bedeutet, und beide werden wir damit auf neue Weise mit unserem eigenen Tod konfrontiert.

Ich meine, dass unsere erste Aufgabe darin besteht, sich mit dem Tod anzufreunden. Ich schätze diesen Ausdruck »sich anfreunden«. Ich hörte ihn zum ersten Mal von dem Psychoanalytiker James Hillman, einem Anhänger von Carl Gustav Jung, als er ein Seminar über christliche Spiritualität besuchte, das ich an der *Yale Divinity School* hielt. Er betonte die Bedeutung des »Sich-Anfreundens«: sich mit den Träumen anfreunden, sich mit seinem Schatten anfreunden, sich mit seinem Unbewussten anfreunden. Er machte überzeugend klar, dass wir die Gesamtheit unserer Erfahrungen beanspruchen müssen, um zu vollem Menschsein zu gelangen; wir gelangen zur Reife, indem wir nicht nur die lichten, sondern auch die dunklen Seiten unserer Geschichte in unser Selbst einbeziehen. Dies erschien mir durchaus einsichtig, da ich meine Neigung – und die anderer – genau kenne, die schmerzvolle Seite des Lebens zu meiden, zu leugnen und zu unterdrücken, ein Bestreben, das immer zu einem physischen, geistigen und seelischen Desaster führt.

Und ist der Tod, dieser erschreckend Unbekannte, der in den Tiefen unseres Unterbewusstseins lauert, nicht wie ein großer Schatten, den wir nur dunkel in unseren Träumen wahrnehmen? Sich mit dem Tod anzufreunden scheint die Grundlage aller anderen Formen des sich Anfreundens zu sein. Ich habe das tiefe, schwierig zu beschreibende Gefühl, dass wir freie

Menschen wären, könnten wir uns wirklich mit dem Tod anfreunden. So viel von unserem Zaudern, so viel von unseren Zweifeln, Zwiespältigkeiten und Unsicherheiten sind mit unserer tief sitzenden inneren Todesangst verbunden – unser Leben wäre merklich anders, würden wir mit dem Tod wie mit einem vertrauten Gast statt wie mit einem Furcht einflößenden Fremden umgehen.

In dem Buch »Nacht und Nebel« schreibt der Holländer Floris Bakels über seine Erfahrungen in deutschen Gefängnissen und Konzentrationslagern des Zweiten Weltkriegs. Er macht eindrucksvoll klar, über wie viel Kraft ein Mensch verfügen kann, der sich mit seinem eigenen Tod angefreundet hat. Ich weiß, wie sehr Dich dieses Buch bewegte, und freute mich über das Exemplar, das ich neulich erhielt. Meinst Du nicht auch, dass Floris Bakels nur deswegen die Greuel von Dachau und die anderer Lager überleben und zweiunddreißig Jahre später darüber schreiben konnte, weil er sich mit dem Tod angefreundet hat? Wenigstens für mich scheint Floris Bakels auf vielerlei Weise zu seinen SS-Aufsehern gesagt zu haben: »Ihr habt keine Gewalt über mich, weil ich schon gestorben bin.« Die Angst vor dem Tod treibt uns oft in den Tod, aber indem wir uns mit dem Tod anfreunden, können wir unserer Sterblichkeit ins Gesicht sehen und uns für das Leben frei entscheiden.

Aber wie geschieht dieses Sich-Anfreunden mit dem Tod? Während der letzten paar Jahre hast Du den

Tod vieler Menschen erlebt – auch solcher, die Du gut gekannt hast. Es hat Dich berührt, schockiert, überrascht und Dich auch traurig und betroffen gemacht. Aber als Mutter starb, schien der Tod zu Dir zum ersten Mal gekommen zu sein. Warum? Ich meine, weil Liebe – tiefe, menschliche Liebe – den Tod nicht kennt. Die Art, auf die Du und Mutter eins geworden seid, und die Weise, auf die sich diese Einheit in den siebenundvierzig Jahren Eurer Ehe vertieft hat, konnte kein Ende zulassen. Wahre Liebe sagt »für immer«. Liebe wird immer in die Ewigkeit hinausreichen. Liebe entspringt dem Ort in uns, in den der Tod nicht einzudringen vermag. Liebe nimmt die Begrenzung durch Stunden, Tage, Wochen, Monate, Jahre oder Jahrhunderte nicht hin. Liebe ist nicht bereit, sich von der Zeit einsperren zu lassen.

Deswegen war Mutters Tod für Dich eine so ganz und gar andere Erfahrung als der Tod vieler anderer Dir bekannter Menschen. Tief in Deinem Innern konntest Du – Deine Liebe – es nicht hinnehmen, dass Dich Mutter so unvermittelt, so unerbittlich, so ausschließlich und unwiderruflich verließ. Ihr Tod widersprach unmittelbar Deinen innersten Erfahrungen. Und so konnte ich gut verstehen, als Du mir schriebst, Mutters Tod hätte Dich zu der Frage nach dem Sinn des Todes überhaupt geführt. Man könnte vielleicht einwerfen: »Warum dauerte es so lange, bis er sich diese Frage stellte? Mit sechsundsiebzig Jahren hätte er sich längst Gedanken über den Sinn des Todes machen können.«

Doch wer so spricht, versteht nicht, dass nur Mutter diese Frage für Dich stellen konnte, weil sich Dir erst in ihrem Sterben die wirkliche Widersinnigkeit des Todes enthüllte. Nur ihr Tod konnte Dich in Deinem Innersten aufbringen und Dich klagen lassen: »Warum konnte unsere Liebe ihr Sterben nicht verhindern?«

Und dennoch, dieselbe Liebe, die die Widersinnigkeit des Todes enthüllt, erlaubt uns, sich mit dem Tod anzufreunden. Dieselbe Liebe, die die Grundlage unserer Trauer ist, bildet zugleich den Grund unserer Hoffnung; dieselbe Liebe, die uns im Schmerz aufschreien lässt, muss uns ebenso zu einer befreienden Vertrautheit mit unserer ureigenen Gebrochenheit führen. Ohne Glauben muss dies wie ein Widerspruch klingen. Aber der Glaube an ihn, dessen Liebe den Tod überwunden hat und der am dritten Tag aus dem Grab erstand, verwandelt diesen Widerspruch in ein Paradoxon, in das heilsamste Paradoxon unseres Daseins.

Floris Bakels erfuhr dies auf einzigartige Weise. Er gelangte an den Punkt, wo er sehen und spüren konnte, dass die Kraft der Liebe stärker ist als die Kraft des Todes und dass es wahr ist, dass »Gott die Liebe ist«. Inmitten von Menschen, die an Hunger, Folter und völliger Erschöpfung starben, und im vollen Wissen darum, dass jede Stunde seine Todesstunde sein konnte, fand er im Innersten seines Herzens eine Liebe, die so stark und so tief war, dass die Todesangst keine Gewalt mehr über ihn besaß. Für Floris Bakels war diese Liebe kein allgemeines Gefühl oder Empfinden, keine Vorstellung von einem wohlwollenden höchsten Sein. Nein, es war die ganz konkrete, wirkliche und innige Liebe Jesu Christi, Sohn Gottes und Erlöser der Welt. Mit seinem ganzen Wesen wusste er, dass er in grenzenloser Liebe geliebt wurde, gehalten von einer ewigen Umarmung und von bedingungsloser Sorge umgeben. Diese Liebe war so konkret, so fühlbar, so unmittelbar und ihm so nah, dass er nicht in die Versuchung kam, diese Erfahrung des Glaubens für Fantasievorstellungen eines ausgehungerten Gehirns zu halten. Je tiefer und umfassender er Christi Liebe erfuhr, desto mehr erkannte er, dass die vielen Möglichkeiten der Liebe in seinem Leben – die Liebe seiner Eltern, seines Bruders und seiner Schwestern, seiner Ehefrau und seiner Freunde – Widerspiegelungen der großen »ersten« Liebe Gottes waren.

Ich bin überzeugt, dass es die tief empfundene Liebe Gottes war – empfunden in und durch Jesus Christus –, die Floris Bakels seinem Tod und dem Tod anderer so direkt ins Gesicht sehen ließ. Es war diese Liebe, die ihm die Freiheit und die Kraft gab, Sterbenden zu helfen, und die es ihm ermöglichte, nach der Rückkehr aus der Hölle von Dachau wieder ein normales Leben anzufangen.

Ich schreibe so eingehend über Bakels, weil ich weiß, dass Du ihn gut verstehen kannst und Du auf ihn hören wirst, da Du derselben Generation angehörst und denselben Glauben hast. Er kann Dir weit besser, als Psychologen und Psychoanalytiker es vermögen, zeigen, was es bedeutet, sich mit dem Tod anzufreunden.

Obwohl Du und ich auch den Terror der Nazis kennen lernten – Du als junger Mann, der sich verstecken musste, um der Deportation zu entgehen, ich als furchtsames Kind – und obwohl wir alle hart kämpfen mussten, um im furchtbaren »Hungerwinter« 1944/45 zu überleben, sind uns die Schrecken der Konzentrationslager erspart geblieben, und wir mussten nicht, wie Floris Bakels, dem Tod ins Auge sehen. Deswegen waren wir nicht gezwungen, uns schon in so jungen Jahren mit dem Tod anzufreunden. Doch Mutters Tod lädt uns jetzt ein, es zu tun.

Viele Menschen scheinen sich niemals mit dem Tod anzufreunden und sterben, als würden sie in einem hoffnungslosen Kampf unterliegen. Doch wir müssen dieses traurige Schicksal nicht teilen. Mutters Tod kann uns die Freiheit bringen, von der Bakels schreibt, er kann uns tief vor Augen führen, dass ihre Liebe ein Widerschein jener Liebe ist, die nicht stirbt und nicht sterben kann – die Liebe, die wir beide am Ostersonntag bezeugen werden.

8. Frei werden für die Zukunft

Selbst wenn wir versuchen, den Gang unseres Lebens zu lenken und zu bestimmen, müssen wir zugeben, dass das Leben für uns das große Unbekannte bleibt. Obwohl Du in Deinem Leben hart arbeiten musstest, um Dir eine erfolgreiche Karriere aufzubauen und Deiner Familie ein glückliches Zuhause zu geben, lagen doch einige der wichtigsten Voraussetzungen, dass sich alles gerade so, wie es war, entwickelte, absolut nicht in Deiner Hand. Vieles, was *mit Dir* geschah, war ebenso wichtig, wie vieles, was *durch Dich* geschah. Vor fünfzig Jahren hättest weder Du noch irgendein anderer Deine heutige Situation voraussehen können. Es ist übrigens ganz nutzlos, uns das, was bald oder später einmal auf uns zukommt, vorauszusagen. Manches, was uns dabei großen Kummer bereitet, erweist sich nach einiger Zeit als harmlos, und manches, an das wir zuvor kaum gedacht haben, verändert unser Leben von Grund auf. Also wurzelt unsere Unabhängigkeit in unbekanntem Grund. Die große Herausforderung besteht darin: so frei sein, dass wir gehorsam sein können; so selbständig sein, dass wir abhängig sein können; sich so in der Gewalt haben, dass wir uns in etwas ergeben können. Hier berühren wir den großen Widerspruch im Leben: Leben, um fähig zu sein zu sterben. Darin vor allem liegt der Sinn des Sich-Loslösens. Loslösung ist nicht das Gegenteil von Selbständigkeit, sondern ihre Frucht.

Das hat nichts mit grauer Theorie zu tun, wie Du genau weißt. Wir beide haben erlebt, wie manche unserer Freunde mit unvorhergesehenen Veränderungen in ihrem Leben nicht fertig wurden und es nicht vermochten, mit der unbekannten Zukunft zurechtzukommen. Wenn sich eine Sache anders entwickelte, als sie es erwartet hatten, oder eine drastische Wendung eintrat, konnten sie der neuen Situation nicht Rechnung tragen. Das hatte bald Verbitterung und Murren zur Folge. Oft klammerten sie sich an ihre altvertraute Lebensweise, die längst nicht mehr die angemessene war, und sie griffen wieder auf, was einmal Sinn hatte – aber den wirklichen Gegebenheiten des Augenblicks nicht mehr entsprach. Wir wissen nur zu gut, wie sehr der Tod Menschen oft auf diese Weise beeinflusst hat.

Der Tod des Gatten, der Gattin, des Kindes oder des Freundes kann Menschen davon abbringen, der unbekannten Zukunft offen zugewandt zu leben, um sich in die vertraute Vergangenheit zurückzuziehen. Sie halten sich fest an ein paar kostbaren Erinnerungen und Gewohnheiten und glauben, dass ihr Leben an ein Ende gekommen ist. »Für mich ist alles vorbei. Es gibt nichts mehr, was ich noch erwarten könnte.« Wie Du siehst, vollzieht sich hier genau das Gegenteil eines Sich-Loslösens; es ist ein neues Verhaftetsein, das das Leben schal macht und unserem Dasein alle Lust nimmt. In solch einem Leben gibt es keine Hoffnung mehr.

Wenn uns Mutters Tod auf solch einen Weg geführt hätte, wäre ihr Tod ohne wirklichen Sinn für uns geblieben. Ihr Tod wäre für uns ein Tod – oder würde es werden –, der die Zukunft versperrt und der uns für den Rest unseres Lebens zu Gefangenen unserer Vergangenheit gemacht hätte. Die Erfahrung der Ohnmacht würde uns dann nicht die Freiheit geben, uns von der Vergangenheit zu lösen, sondern würde uns in unsere Erinnerungen einkerkern und uns lähmen. Dazu verlören wir auch die Selbständigkeit, die Dir immer so wertvoll war.

Ich glaube, dass es hier eine viel menschlichere Wahl gibt, die Wahl nämlich, die Vergangenheit als eine fortwährende Herausforderung anzusehen, uns einer unbekannten Zukunft anzuvertrauen. Es ist die Wahl, die Erfahrung unserer Ohnmacht als eine Erfahrung zu verstehen, dass wir geführt werden, wenn wir auch nicht genau wissen wohin. Denk an das Wort Jesu an Petrus nach seiner Auferstehung: »Als du jung warst, hast du dich selbst gegürtet und bist gegangen, wohin du wolltest. Wenn du aber alt geworden bist, wirst du deine Hände ausstrecken, und ein anderer wird dich gürten und dich führen, wohin du nicht willst« (Johannes 21,18). Das sagte Jesus, unmittelbar nachdem er Petrus dreimal aufgetragen hatte, seine Schafe zu weiden. Daran lässt sich erkennen, dass ein zunehmendes Sich-Anvertrauen an das Unbekannte ein Zeichen geistiger Reife ist und die Selbständigkeit nicht aufhebt. Mutters Tod ist wirklich eine Einladung, uns der Zukunft freier anzuvertrauen und überzeugt zu sein, dass einer der bedeutendsten Abschnitte unseres Lebens noch vor uns liegt und dass Mutters Leben und Tod dazu bestimmt waren, dies zu ermöglichen. Vergiss nicht, dass die Jünger erst nach Jesu Tod ihre Berufung erfüllen konnten.

Mich beeindruckt immer wieder die Tatsache, dass die wirklich schöpferischen Menschen gerade diejenigen sind, die sich vom Leben am weitesten losgelöst haben; Menschen, die durch das Leben gelernt haben, dass es in diesem Leben nichts und niemanden gibt, an dem sich festhalten lässt. Sie haben die Freiheit, von vertrauten sicheren Orten ständig aufzubrechen und in neue, unerforschte Bereiche des Lebens vorzustoßen. Ich möchte Dir damit nicht nahe legen, Dich dazu berufen zu fühlen, in Deinem fortgeschrittenen Alter noch etwas Ungewöhnliches oder Aufsehen erregendes zu tun – obwohl man nie wissen kann, wozu Du noch berufen sein könntest! Vielmehr denke ich dabei vor allem an einen geistlichen Prozess, durch den wir unser Leben freier als zuvor leben können, offener für Gottes Führung und bereiter, zu antworten, wenn er zu unserem innersten Ich spricht.

Mutters Tod ermutigt uns, die Illusionen der Unsterblichkeit, die wir vielleicht immer noch haben, aufzugeben, und auf neue Weise zu erfahren, wie sehr wir von Gottes Liebe abhängig sind. Diese Abhängigkeit hebt unsere Eigenständigkeit und Freiheit nicht auf, sondern läutert und adelt sie.

9. Durch den Tod zum Leben

Es könnte sein, dass Du nach all dem, was ich über den Sinn des Todes gesagt habe, den Eindruck gewonnen hast, dass der Tod etwas Erstrebenswertes ist; etwas, dem wir mit Erwartung entgegengehen können; etwas, auf das uns alles im Leben vorbereitet; und somit etwas, das mehr oder weniger den Höhepunkt des Lebens bedeutet. Hätte ich bei Dir diesen Eindruck erweckt, müsste ich ihn so schnell wie möglich berichtigen. Wenngleich ich meine, dass es möglich ist, über den Sinn des Todes zu sprechen, so meine ich auch, dass der Tod das einzige Ereignis ist, gegen das wir mit unserer ganzen Existenz protestieren. Wir spüren, dass Leben zu uns gehört und dass Tod in unserem Grundverlangen, zu leben, keinen Platz hat. So überrascht es nicht, dass die meisten Menschen, auch ältere, nicht viel über den Tod nachdenken. Solange wir uns gesund und vital fühlen, halten sich unser Geist und unser Leib lieber an die Dinge des Lebens. Karl Rahner nennt den Tod den »absurden Erz-Widerspruch der Existenz«, und tatsächlich hat der Tod keinen Sinn für denjenigen, der nur das für sinnvoll hält, was er irgendwie verstehen kann. Aber unsere völlige Ohnmacht im Angesicht des Todes, in der uns jede Möglichkeit genommen ist, unser Schicksal zu lenken, kann schwerlich als irgendwie von Wert verstanden werden. Unser ganzes Sein lehnt sich auf gegen die Drohung des Nicht-Seins.

Ich schreibe diese Zeilen am Karfreitag. Gerade habe ich an der Liturgie teilgenommen, in der das Gedächtnis des Todes Christi in bewegender Weise gefeiert wird. Dabei hatte ich die Worte vorzulesen, die Jesus bei seiner Passion gesprochen hat. Wie ich sie mit lauter Stimme sprach, damit alle sie tief in ihr Herz hineinlassen konnten, wurde mir klar, dass Jesus Christus selbst sich darauf eingelassen hat, mit uns zu erfahren, wie ganz und gar absurd der Tod ist. Jesus wollte nicht sterben. Jesus sah seinem Tod nicht entgegen, als wäre er ein erstrebenswertes Gut. Er sprach vom Tod niemals so, als könne man ihn froh annehmen. Obwohl er über seinen Tod sprach und seine Jünger darauf vorzubereiten suchte, schenkte er ihm dennoch keine krankhafte Aufmerksamkeit. Und das Evangelium gibt keinen Hinweis, dass der Tod für Jesus anziehend war. Vielmehr finden wir in den Berichten der Evangelisten einen tiefen inneren Protest gegen den Tod. Im Garten Getsemani ergriffen Jesus Angst und Traurigkeit, und er betete laut zu seinem Vater: »Alles ist dir möglich. Lass diesen Kelch an mir vorübergehen!« (Markus 14,36). Diese Angst wurde so groß, dass »sein Schweiß war wie Blut, das auf die Erde tropfte« (Lukas 22,44). Und in seinem Todeskampf am Kreuz rief Jesus aus: »Mein Gott, mein Gott, warum hast du mich verlassen?« (Matthäus 27,46; Markus 15,34).

Weit mehr als die Todesqualen war es, wie ich meine, der Tod selbst, der Jesus mit Angst und Schmerz

Durch den Tod zum Leben

erfüllte. Ich halte dies für eine wichtige Einsicht, weil dadurch jede Verherrlichung und jede Romantisierung des Todes ausgeschlossen wird. Wir wollen nicht sterben, auch wenn wir unserem Tod so realistisch entgegensehen, ja uns mit ihm anfreunden müssen. Obwohl wir uns mit unserem Tod anfreunden, das heißt, ihn als eine Wirklichkeit anerkennen müssen, die zutiefst zu unserem Menschsein gehört, bleibt der Tod dennoch unser Feind. Obwohl wir uns auf den Tod vorbereiten können und müssen, trifft er uns immer unvorbereitet. Obwohl wir sehen müssen, wie der Tod von Geburt an Teil unseres Lebens ist, so bleibt er doch die größte Unbekannte unserer Existenz. Obwohl wir nach dem Sinn des Todes suchen müssen, zeigt unser Sich-Auflehnen gegen ihn, dass wir nie imstande sein werden, ihm einen Sinn zu geben, der uns unsere Angst nehmen kann.

Mutters Tod hat uns das sehr klar gemacht. Du weißt, wie sehr Mutters Leben erfüllt war von den Gedanken an Gott und seinen Geheimnissen. Sie empfing jeden Tag die heilige Eucharistie, verbrachte viele Stunden im Gebet und las eifrig die Heilige Schrift; sie war auch jedem dankbar, der sie in ihrem religiösen Leben unterstützte. Innig verehrte sie Maria, die Mutter Gottes, und ging nie zu Bett, ohne um Fürsprache in ihrer Todesstunde zu bitten. So war Mutters Leben wirklich ein Leben der Vorbereitung auf den Tod. Aber dies machte ihr den Tod nicht leicht. Sie gab offen zu, dass sie Angst vor dem Sterben hatte, dass sie sich nicht bereit fühlte, vor Gott zu erscheinen, und dass sie noch nicht so weit war, diese Welt zu verlassen. Sie liebte das Leben, liebte es ganz und gar.

Der Tod war für sie hart und qualvoll. Ich denke mir oft, dass es eben deswegen so schwer für sie war, das alles loszulassen, weil sie durch ihr Leben des Gebets eine tiefe Ehrfurcht vor allem Geschaffenen hatte. Der Gott, den sie liebte und dem sie ihr Leben schenken wollte, hatte ihr den Glanz seiner Schöpfung wie auch die bedingungslose Endgültigkeit gezeigt, mit der sie der Tod von allem trennen würde, was sie lieb gewonnen hatte.

Wenn ich über Mutters Tod nachdenke, wird mir jetzt etwas klarer als zuvor: dass nämlich der Tod nicht zu Gott gehört. Gott hat den Tod nicht geschaffen. Gott will den Tod nicht. Gott wünscht uns den Tod nicht. Bei Gott gibt es keinen Tod. Gott ist der Gott des Lebens. Er ist der Gott des Lebendigen und nicht des Toten. Deswegen müssen Menschen, die ein sehr gläubiges Leben führen, ein Leben in wirklicher Nähe zu Gott, den Schmerz des Todes besonders scharf spüren. Ein Leben mit Gott öffnet uns allem Lebendigen. Es lässt uns das Leben feiern; es ermöglicht uns, die Schönheit alles Geschaffenen zu sehen; es weckt in uns den Wunsch, immer dort zu sein, wo das Leben ist. Deshalb darf der Tod von einem wirklich gläubigen Menschen weder als Befreitwerden von der Mühsal des Lebens noch als ein Ort der Ruhe und des Friedens erfahren werden, sondern als ein absurdes, gottloses,

Durch den Tod zum Leben

dunkles Nichts. Jetzt sehe ich, warum es falsch ist zu sagen, dass ein gläubiger Mensch den Tod leicht und angenehm finden sollte. Jetzt verstehe ich auch, warum es falsch ist, zu denken, dass ein Tod ohne Ringen und Qualen ein Zeichen großen Glaubens ist. Solche Vorstellungen können nicht mehr richtig sein, wenn wir erkannt haben, dass der Glaube uns zur vollständigen Bejahung des Lebens öffnet und das Verlangen weckt, erfüllter, intensiver, bewusster zu leben. Wenn sich einer gegen den Tod auflehnen sollte, dann der Gläubige, der Mensch, der Gott immer mehr als den Gott des Lebendigen kennen gelernt hat.

Dies führt mich zum großen Geheimnis des heutigen Tages zurück, des Tages, den wir Karfreitag nennen. Es ist der Tag, an dem Jesus, Sohn Gottes, Licht vom Licht, wahrer Gott vom wahren Gott, eines Wesens mit dem Vater, starb. Wirklich, an diesem Freitag vor fast zweitausend Jahren, vor den Mauern Jerusalems, starb Gottes Sohn.

Ich hoffe, dass Du mitzuempfinden vermagst, dass hier die Quelle unseres Trostes und unserer Hoffnung liegt. Gott selbst, der Licht, Leben und Wahrheit ist, kam, um mit uns und für uns die ganze Absurdität des Todes zu erleiden. Jesu Tod ist kein denkwürdiges Ereignis, weil ein großer, heiliger Prophet starb. Jesu Tod ist vielmehr das wichtigste – in gewissem Sinn sogar das einzig wahre – Ereignis der Geschichte, weil Gottes Sohn, an dem kein Zeichen des Todes war, den absurden Tod starb, der das Schicksal aller Menschen ist.

Dies gibt uns eine Vorstellung vom Todeskampf Jesu. Wer kostete das Leben voller als er? Wer sah die Schönheit des Landes, in dem er lebte, besser? Wer verstand mehr das Lachen der Kinder, das Klagen der Kranken, die Tränen der Trauernden? Jede Faser seines Wesens war voll Leben. »Ich bin der Weg und die Wahrheit und das Leben«, sagte Jesus Christus (Johannes 14,6), und in ihm ist nur Leben. Können wir je begreifen, was es für ihn bedeutete, den Tod zu erleiden, vom Leben getrennt zu werden und in die Dunkelheit völligen Ausgelöschtseins einzutreten? Die Todesangst im Garten Getsemani, die Erniedrigung durch das Gespött der Menge, die Qualen der Geißelung, der leidvolle Weg auf den Kalvarienberg und die grausame Hinrichtung am Kreuz wurden vom Herrn des Lebens erlitten.

Ich schreibe dies nicht, um Dich zu beunruhigen, sondern um Dich in Deinem Kummer zu trösten. Der Herr, der starb, starb für uns – für Dich, für mich, für Mutter, für alle Menschen. Er starb nicht, weil Tod oder Dunkelheit in ihm waren, sondern einzig und allein, um uns vom Tod und von der Dunkelheit in uns zu befreien. Wenn der Gott, der uns das Leben offenbarte und dessen einziges Verlangen ist, uns das Leben zu bringen; wenn uns dieser Gott so sehr liebte, dass er mit uns die völlige Absurdität des Todes erfahren wollte, dann – ja, dann muss es eine Hoffnung geben; dann muss es etwas geben, das über den Tod hinausreicht; dann muss es eine Verheißung geben, die während unserer kurzen Existenz in dieser Welt unerfüllt bleibt; dann kann es nicht bloß die Vernichtung und das grausame Ende aller Dinge sein, wenn wir die Geliebten zurücklassen, die Blumen und Bäume, die Berge und Meere, die Schönheiten der Kunst und der Musik und all die reichen Gaben des Lebens; dann müssen wir wirklich auf den »dritten Tag« warten.

10. Liebe, stärker als der Tod

Wie ich nun hinter meinem Schreibtisch sitze und dieses Schlusswort schreibe, kommt mir, dass sich den Lesern dieser Ausführungen vielleicht die Frage stellt: »Was ist nun eigentlich mit der Auferstehung?« Ich wundere mich selbst, dass ich bislang noch gar nichts über die Auferstehung geschrieben habe und auch gar nicht die Notwendigkeit empfunden habe, das zu tun. Während ich diese Gedanken niederschrieb, war das anscheinend gar keine so wichtige Frage. Aber der Umstand, dass sich der Gedanke der Auferstehung nicht energisch aufgedrängt hat, bedeutet nicht, er sei nicht wichtig. Im Gegenteil: die Auferstehung ist wichtiger als alles, was ich bis jetzt geschrieben habe, denn die Auferstehung ist die Grundlage meines Glaubens. Vom Sterben und Tod schreiben, ohne die Auferstehung zu erwähnen, das wäre das gleiche, als schriebe man über die Segelkunst und würde nie den Wind erwähnen.

Die Auferstehung Jesu und die Hoffnung, dass auch wir auferstehen werden, hat es mir ermöglicht, auf die Weise über das Sterben und den Tod zu schreiben, wie ich es getan habe. Ich wage mit dem Apostel Paulus zu sagen: »Wenn aber von Christus verkündigt wird, dass er von den Toten auferweckt wurde, wie können dann etliche unter euch behaupten: Eine Auferstehung der Toten gibt es nicht? Wenn es keine Auferstehung der Toten gibt, ist auch Christus nicht auferweckt worden.

Ist aber Christus nicht auferweckt worden, dann ist damit auch unsere Verkündigung nichtig und nichtig ist euer Glaube ... dann seid ihr noch in euren Sünden. Folglich sind auch die in Christus Entschlafenen verloren. Wenn wir weiter nichts sind als Leute, die nur in diesem Leben ihre Hoffnung auf Christus gesetzt haben, sind wir die bedauernswertesten unter allen Menschen« (1 Korinther 15,12–14.17–19).

Man kann seinem Glauben an die Auferstehung wohl kaum kräftiger Ausdruck verleihen, als es Paulus hier tut, und ich möchte mir seine Worte ganz zu Eigen machen. Aber dennoch: Ich habe noch nichts über die Auferstehung Jesu und unsere eigene Auferstehung geschrieben. Ich glaube, mein Zögern, etwas über die Auferstehung zu schreiben, hängt mit meiner Überzeugung zusammen, dass die Auferstehung Jesu ein sehr verborgenes Ereignis ist. Jesus stand nicht dazu von den Toten auf, um denen, die ihn gekreuzigt hatten, zu beweisen, dass sie einen Fehler gemacht hatten, oder um seine Widersacher zu beschämen. Auch ist er nicht auferstanden, um auf die Herrscher seiner Zeit Eindruck zu machen oder irgendjemanden mit Gewalt dazu zu bringen, an ihn zu glauben. Die Auferstehung Jesu war die volle Bestätigung der Wahrheit, dass sein Vater ihn liebte. Darum zeigte er sich nach seiner Auferstehung nur denjenigen, die um diese Liebe wussten. Nur einer Hand voll seiner engsten Freunde offenbarte er sich als der Auferstandene. Es gibt vermutlich in der Weltgeschichte kein Ereignis von solcher Bedeutung, das gleichzeitig so unauffällig geblieben ist. Die Welt hat nichts davon gemerkt; nur die wenigen, denen Jesus sich zeigen wollte und die er in die Welt hinausschicken wollte, damit sie ihr so wie er die Liebe Gottes verkünden, haben davon etwas mitbekommen.

Ich halte es für sehr bedeutsam, dass die Auferstehung Jesu derart verborgen geblieben ist. Obwohl diese Auferstehung der Eckstein meines Glaubens ist, kann ich sie nicht als Argument und Mittel ins Feld führen, um etwas zu beweisen, und nicht einmal, um in Menschen Zuversicht zu wecken. Wenn ich zu Sterbenden sagen würde: »Hab keine Angst. Gleich nach deinem Tod wirst du genau wie Jesus auferstehen. Du wirst all deine Lieben wiedersehen und für immer in der Gegenwart Gottes selig sein«, dann käme mir das vor, als würde ich den Tod nicht richtig ernst nehmen und gleichzeitig unterstellen, nach dem Tod sei alles wieder ungefähr gleich wie vorher, nur dass alles Schwere ausgeschaltet sei. Auch das Sterben Jesu würde ich dann nicht richtig ernst nehmen. Er hat ja schließlich seinen Tod nicht leicht genommen, so als handle es sich nur um einen unerlässlichen, aber schnellen Durchgang zu einem besseren Leben. Außerdem würde ich damit auch den Sterbenden nicht ernst nehmen, der wie wir ganz und gar nicht weiß, was jenseits unserer Zeit- und Raum-Verfasstheit nun wirklich auf uns wartet.

Man kann unsere Fragen um das Sterben und den Tod nicht kurz und einfach mit dem Hinweis auf die

Liebe, stärker als der Tod

Auferstehung lösen. Die Auferstehung stellt nicht das glückliche Ende unseres Lebenskampfes dar, noch die große Überraschung, die Gott für uns bereithält. Nein, die Auferstehung ist der Erweis von Gottes Treue zu Jesus und zu allen seinen Kindern. Durch die Auferstehung sagt Gott zu Jesus: »Du bist tatsächlich mein geliebter Sohn, und meine Liebe ist eine ewige Liebe.« Auch zu uns sagt er damit: »Ihr seid meine geliebten Kinder, und meine Liebe ist eine ewige Liebe.«

Die Auferstehung ist die Weise, wie Gott uns die Wahrheit offenbart, dass nichts und niemand, der ihm gehört, jemals weggeworfen wird. Ja, was Gott gehört, geht niemals verloren, nicht einmal unser sterblicher Leib! Daher bietet uns die Auferstehung keine Antwort auf irgendeine unserer neugierigen Fragen über das Leben nach dem Tod, wie etwa: »Wie wird das sein? Wie wird das aussehen?« Hingegen offenbart sie uns, dass die Liebe tatsächlich stärker als der Tod ist. Haben wir diese Offenbarung erfasst, bleibt uns nur, still zu werden und alles »Warum«, »Wo«, »Wie« und »Wann« bleiben zu lassen – und schlicht zu vertrauen.

Anlässlich seines neunzigsten Geburtstags gab mein Vater einem holländischen Rundfunksender ein Interview. Nachdem ihm der Reporter viele Fragen über sein Leben und seine Arbeit gestellt und sogar hatte wissen wollen, was er vom gegenwärtigen holländischen Steuersystem halte – darauf war mein Vater spezialisiert gewesen –, wollte er noch von ihm wissen, wie er sich das Dasein nach dem Tod vorstelle.

Natürlich war ich höchst neugierig, was mein Vater zu dieser letzten Frage sagen würde. Zuweilen scheint es leichter zu sein, eine solche ganz persönliche Frage auf dem Umweg über den Rundfunk miteinander zu besprechen, als wenn man sich am Mittagstisch direkt gegenüber sitzt. Mein Vater und ich hörten also gemeinsam der Sendung zu, als sie eine Woche nach der Aufnahme ausgestrahlt wurde. Ich hörte meinen Vater zu dem Reporter sagen: »Nun, darüber kann ich nicht viel sagen. Ich glaube eigentlich nicht, dass ich meine Frau oder alle meine Freunde so wiedersehen werde, wie wir uns jetzt sehen. Ich habe keinerlei ganz konkrete Erwartungen. Ja, das wird ganz anders sein. Aber wenn es dann keinen Raum und keine Zeit mehr gibt, ist im Grunde jede Äußerung über dieses ›ganz andere‹ ziemlich sinnlos. Ich habe keine Angst vor dem Sterben. Ich wünsche mir nicht unbedingt, hundert Jahre alt zu werden. Ich möchte einfach jetzt noch so gut leben, wie ich kann. Und wenn ich sterbe … Na, dann werden wir ja sehen!«

Vielleicht lässt sich der ganze Glaube und auch Unglaube meines Vaters am besten in diesen letzten Worten zusammenfassen: »Na, dann werden wir ja sehen!« Sie umfassen seine Skepsis wie seinen Glauben. »Na, dann werden wir ja sehen!« – das kann bedeuten: »Na ja, wer weiß, was dann kommt!«; aber es kann auch heißen: »Ja, dann werden wir endlich sehen, was wir schon immer sehen wollten!« Wir werden Gott sehen, wir werden einander sehen.

Jesus hat das ganz klar verheißen, als er gesagt hat: »Euer Herz erschrecke nicht. Glaubt an Gott und glaubt an mich! Im Haus meines Vaters sind viele Wohnungen … Ich gehe, um euch einen Platz zu bereiten. Und wenn ich gegangen bin und euch einen Platz bereitet habe, komme ich wieder und werde euch zu mir nehmen, damit auch ihr seid, wo ich bin« (Johannes 14,1–3). Und als Jesus der Maria Magdalena neben dem leeren Grab erscheint, sendet er sie aus mit den Worten: »Geh zu den Brüdern und sag ihnen: Ich gehe hinauf zu meinem Vater und eurem Vater, meinem Gott und eurem Gott« (Johannes 20,17).

Der auferstandene Jesus, der mit seinen Freunden isst und trinkt, offenbart uns, dass Gottes Liebe zu uns, unsere Liebe zueinander und unsere Liebe zu all denen, die vor uns gelebt haben und nach uns leben werden, nicht nur eine flüchtige Erfahrung ist, sondern eine ewige Wirklichkeit, die Zeit und Raum weit übersteigt.

Und der auferstandene Jesus, der seinen Freunden seine durchbohrten Hände und Füße und seine Seitenwunde zeigt, offenbart auch, dass alles, was wir während unserer Erdenjahre in unserem Leib gelebt haben, sowohl alles Frohe als auch alles Schmerzliche, nicht einfach wie ein zerschlissenes Kleid von uns abgestreift wird, sondern dass wir das als Erinnerung an unseren einmaligen Weg mit und zu Gott und zueinander mit uns tragen werden, wenn wir das Tor des Todes durchschreiten.

»Na, dann werden wir ja sehen!« Dieser Ausspruch hat vermutlich immer eine doppelte Bedeutung. Wie der Vater des epileptischen Jungen, der Jesus um die Heilung seines Kindes bat, werden wir immer sagen müssen: »Ich glaube; hilf meinem Unglauben!« (Markus 9,24). Und doch – wenn wir unseren Blick fest auf den auferstandenen Herrn halten, entdecken wir vielleicht, dass nicht nur die Liebe stärker ist als der Tod, sondern auch unser Glaube stärker als unsere Skepsis.

Epilog

Eine Prozession von Indianern in den Anden. Aus den Gesichtern der Männer und Frauen sprechen Freude und Frieden. Sie tragen ein Kreuz aus geflochtenem Stroh, Zeichen ihrer Bedrängnis und ihres Kampfes. Einige schwenken lange Palmzweige, die Sieg und Triumph verkünden: Ja, es gibt Traurigkeit, doch auch Freude; ja, es gibt Klage, doch auch Jubel; ja, es gibt Angst, doch auch Liebe. Ja, es gibt harte Arbeit, doch auch Fest und Feier in ihrem Gefolge. Ja, es gibt Tod, doch auch Auferstehung.

Das Lächeln, das auf den vom Wetter gegerbten Gesichtern der Frauen und Männer dieser Prozession aufleuchtet, spricht von einem tiefen Glauben an die Auferstehung. Es ist ein Glaube, der nicht nur darauf vertraut, dass das Leben stärker ist als der Tod; er ist vielmehr auch eine Vorahnung jener Freude, die nie enden wird. Die Augen der Armen können plötzlich voll Hoffnung aufleuchten und Horizonte eröffnen, die weit jenseits der begrenzten Sicht einer mit sich selbst beschäftigten Menschheit liegen. Die Armen der Welt tragen einen Glauben an die Auferstehung in ihren Herzen, einen Glauben, der weiß, dass alles Erschaffene nicht dafür da ist, verwüstet, sondern in einen neuen Himmel und eine neue Erde umgestaltet zu werden. Das hoffnungsvolle Lächeln auf den Gesichtern der Armen in Bolivien, Peru, Nepal, Pakistan Burundi, im Sudan und wo auch immer auf der Erde ist wie ein flüchtiger Widerschein der Wirklichkeit der Auferstehung. Es ist ein Lächeln, das aus der Tiefe eines Herzens kommt, das von einer Liebe weiß, die wirklich und unvergänglich ist.

Früh am Morgen des ersten Tages der Woche fanden Maria von Magdala, Maria, die Mutter des Jakobus, und Salome das Grab leer. Sie hörten einen jungen Mann, der mit einem weißen Gewand bekleidet war, sagen: »Er ist nicht hier.« Zwei der Jünger, Petrus und Johannes, gingen in das Grab hinein und sahen die Leinenbinden liegen und das Schweißtuch, das auf dem Kopf Jesu gelegen hatte. Maria von Magdala hörte, wie er sie beim Namen rief; Kleopas und sein Freund erkannten ihn in Emmaus beim Brechen des Brotes. Am Abend desselben Tages kam Jesus zu seinen Jüngern, er trat in ihre Mitte und sagte zu ihnen: »Friede sei mit euch!« Nach diesen Worten zeigte er ihnen seine Hände und seine Seite.

Während dies geschah, durchbrach ein neues Wort die Stille des Karsamstags und erfasste Herz und Sinn der Männer und Frauen, die Jesus gekannt und geliebt hatten: »Er ist auferstanden, er ist wahrhaft auferstanden!« Diese Neuigkeit wurde nicht von den Dächern gerufen und auch nicht auf großen Plakaten durch die Straßen der Stadt getragen, sie ging wie eine vertrauliche Botschaft von Mund zu Mund; eine Botschaft, die nur von den Herzen wirklich gehört und verstanden werden konnte, die die Ankunft des Reiches Gottes herbeigesehnt und die Zeichen seines Nahens in den

Worten und Taten des Mannes aus Nazaret erkannt hatten.

Alles ist anders geworden und dennoch gleich geblieben für diejenigen, die Ja sagen zu der neuen Nachricht, die durch die Zeiten hindurch von einem Ende der Welt zum anderen geflüstert wird. Bäume sind Bäume geblieben, Flüsse sind weiterhin Flüsse, Berge weiterhin Berge. Auch die Menschen können in ihren Herzen noch immer zwischen Liebe und Angst entscheiden. Doch all das ist im auferstandenen Leib des Herrn erhöht und zur Rechten Gottes gesetzt. Das verlorene Kind ist in die liebenden Arme des Vaters genommen; das kleine Kind in die Arme der Mutter, der wahre Erbe hat das beste Gewand erhalten und einen kostbaren Ring; Brüder und Schwestern sind an einen Tisch geladen. Alles ist, wie es war, und doch ist alles neu. Wenn wir unser Leben im Glauben an die Auferstehung leben, dann werden unsere Last und unser Joch sanft, weil wir im sanften und demütigen Herzen Jesu Ruhe gefunden haben.

Die Zeit ist jetzt da, wieder zu sprechen, ruhig, aber voll Vertrauen. Neue Wörter kommen aus der Stille. Den Armen wird die gute Nachricht gebracht, den Gefangenen Freiheit gegeben, den Blinden Licht, den Unterdrückten Befreiung, und ausgerufen wird die Gnade des Herrn. So begegnet sich das Lächeln Gottes mit dem Lächeln des Volkes Gottes und vereinigen sich in dem unvergänglichen Licht, das in der Finsternis leuchtet.

BIBELSTELLENREGISTER

Jesaja

43,1   10

Matthäus

3,17   47
18,3   56
26,37–39   25
27,46   24; 118

Markus

9,24   130
14,36   118
15,34   24; 118
16,1–8   132

Lukas

6,20   71
18,11   64
22,44   118
24,13–35   132
24,36–53   132

Johannes

3,11   49
12,24   80
13,7   82
13,34   69
14,1–3   129
14,2   33
14,6   52; 122
14,25–26   82
15,9   69
16,5–7   78
16,7   89
16,12–13   78
16,13   89
16,32   47
17,16–18   46
19,30   97
20,2–10   132
20,11–18   132
20,17   129
20,19–23   132
21,18   98; 115

Römer

8,14–17   60
8,21   57
8,38–39   59

1 Korinther

1,27   100
15,12–14   124
15,17–19   125

Philipper

1,21–26   54–55

1 Johannes

4,8   110
4,19–21   69–70

QUELLENVERZEICHNIS

Die Texte Henri Nouwens wurden aus folgenden Büchern zusammengestellt:

Sterben, um zu leben. Abschied von meiner Mutter.
Aus dem Amerikanischen von Robert Johna
Verlag Herder Freiburg im Breisgau 1983, [4]1991, als
Herderbücherei-Taschenbuch 1995.
Neuausgabe: Claudius Verlag, München 2011
© der deutschen Übersetzung: Verlag Herder GmbH,
Freiburg
Originalausgaben:
In Memoriam © 1980, 2005 by Ave Maria Press, Inc., Notre
Dame, Indiana, USA (Herder-Ausgabe S. 9–54).
A Letter of Consolation © 1982 by Henri J. M. Nouwen.
Published by HarperCollins Publishers, 10 East 43rd Street,
NY 10022, New York, USA (Herder-Ausgabe S. 55–126).

Der Spiegel des Jenseits. Gedanken um Tod und Leben.
Ins Deutsche übertragen von Robert Johna
Verlag Herder Freiburg im Breisgau 1990.
Originalausgabe:
Beyond the Mirror. Reflections on Death and Life © 1990 by
Henri Nouwen. Published by Crossroad Publishing
Company, 481 Eighth Avenue, NY 10001, New York, USA.

TEXTNACHWEIS

Zur Einführung
Die Gabe der Vollendung, S. 14
Die Gabe der Vollendung, S. 12–13

Erinnerungen (1)
Sterben, um zu leben, S. 9
Sterben, um zu leben, S. 23
Sterben, um zu leben, S. 24
Sterben, um zu leben, S. 26–28

1. Die eigene Antwort finden
Die Gabe der Vollendung, S. 26–27
Die Gabe der Vollendung, S. 31–32

2. Hinter dem Spiegel des Lebens
Der Spiegel des Jenseits, S. 29–60

3. Wir sind Kinder Gottes
Die Gabe der Vollendung, S. 30–31

4. Wir sind füreinander Brüder und Schwestern
Die Gabe der Vollendung, S. 38–47

Erinnerungen (2)
Sterben, um zu leben, S. 38–39

5. Wir sind Eltern der kommenden Generationen
Die Gabe der Vollendung, S. 48–61

Erinnerungen (3)
Sterben, um zu leben, S. 51–53

6. Der Tod ist etwas, das zu uns gehört
Die Gabe der Vollendung, S. 66–67

7. Die Frucht unseres Lebens
Die Gabe der Vollendung, S. 99–111

Erinnerungen (4)
Sterben, um zu leben, S. 73

8. Frei werden für die Zukunft
Sterben, um zu leben, S. 90–93

9. Durch den Tod zum Leben
Sterben, um zu leben, S. 106–112

10. Liebe, stärker als der Tod
Die Gabe der Vollendung, S. 118–123

Epilog
Er trägt unsere Last, S. 105–108

Textnachweis

HENRI NOUWEN IM VERLAG HERDER

Jesus · Eine Botschaft, die Liebe ist
Mit Illustrationen von Rembrandt
192 Seiten | Gebunden mit Schutzumschlag | ISBN 978-3-451-27903-4

Nimm sein Bild in dein Herz
Geistliche Deutung eines Gemäldes von Rembrandt
172 Seiten | Gebunden mit Schutzumschlag | ISBN 978-3-451-22404-1

Feuer in meinem Herzen – Die Kraft der Mitmenschlichkeit
Mit Illustrationen von Vincent van Gogh | ISBN 978-3-451-29252-1

Du bist der geliebte Mensch
Religiös leben in einer säkularen Welt
128 Seiten | Gebunden | ISBN 978-3-451-29282-8

Die innere Stimme der Liebe
Aus der Tiefe der Angst zu neuem Vertrauen
128 Seiten | Gebunden mit Schutzumschlag | ISBN 978-3-451-26249-4

Christi Weg nach unten
Eine Spiritualität für unsere Zeit
112 Seiten | Gebunden | ISBN 978-3-451-32188-7

Geliebt sein – Was es heißt, heute als Christ zu leben
Im Gespräch mit Philip Roderick
96 Seiten | Mit S/W-Fotografien | ISBN 978-3-451-32268-6

Nach Hause finden – Wege zu einem erfüllteren Leben
144 Seiten | Herder spektrum Taschenbuch | ISBN 978-3-451-06301-5

Adam und ich – Eine ungewöhnliche Freundschaft
160 Seiten | Herder spektrum Taschenbuch | ISBN 978-3-451-06305-3

HERDER